詳細な分析に基づく決定版！

■ 広大な試験範囲より、合格に必要な情報だけを厳選！

　本書は、運行管理者〈貨物〉試験の過去問題（選択肢）を分析し、出題の根拠となる各法令の条文等とリンクさせた一覧表を作成することで導き出された、本試験で合格するために必要な情報だけを取捨選択したうえ、それらを**できるだけ丁寧に解説**した、まさに運行管理者〈貨物〉試験の参考書としては、決定版と言える内容の書籍です。

■「全選択肢」の正解も可能。充実の情報量！

　合格に必要な情報のみを厳選しているとはいえ、受験生のニーズに役立つよう、**合格に必要な知識は網羅**しています。よって、本書の内容をマスターすれば、全問・全選択肢の正解も夢ではありません。運行管理者〈貨物〉試験に合格するためには、決して全問正解する必要はありません（合格基準は 6 ページ参照）、**情報量という意味でも充実**しています。

● 本書で使われている法令等の略語一覧 ●

・貨運法 ……………………	貨物自動車運送事業法
・事故報告規則 ……………	自動車事故報告規則
・安全規則 …………………	貨物自動車運送事業輸送安全規則
・安全規則の解釈及び運用 ……	貨物自動車運送事業輸送安全規則の解釈及び運用
・車両法 ……………………	道路運送車両法
・保安基準 …………………	道路運送車両法
・道交法 ……………………	道路交通法
・道交法施行令 ……………	道路交通法施行令
・道交法施行規則 …………	道路交通法施行規則
・労基法 ……………………	労働基準法
・改善基準 …………………	自動車運転者の労働時間等の改善のための基準
・指導監督指針 ……………	貨物自動車運送事業者が事業用自動車の運転者に対して行う指導及び監督の指針

JN012092

本書は、原則として 2024 年 2 月 2 日現在の法令等に基づいて編集しています。ただし、改善基準は 2024 年 4 月 1 日施行の改正改善基準に基づきます。

本書の使い方

本書は、運行管理者〈貨物〉試験を詳細に分析し、合格するために必要な情報を厳選した上、できるだけ内容をわかりやすく解説したものです。本書で解説する内容をマスターすることで、試験に合格できるチカラが身に付きます。また、押さえておきたい知識は付属の赤シートを用いることで、記憶の確認ができます。

各項目（ROAD）の重要度が、ひと目でわかる！
各項目（ROAD）の冒頭では、3段階の重要度を示しています。学習のメリハリに役立ちます。

わかりやすい分類とポイントの指南で効率UP！
出題テーマを理解しやすい項目（ROAD）ごとにまとめ、各項目の学習ポイントを指南します。

第1章　貨運法関係
ROAD 4 **運送約款とその認可**　重要度

合格への道　運送約款は、選択肢の1つとして問われるが、近年では出題頻度が減り、難度もさほど高くはない。ポイントをしっかりチェックしておけば、試験対策としては十分であろう。

CHECK 1　運送約款（貨運法第10条第1項）
　一般貨物自動車運送事業者は、運送約款を定め、国土交通大臣の認可を受けなければならない。同様に、運送約款を変更しようとするときも、国土交通大臣の認可を受けなければならない。

ポイント　事業者は運送約款を定めたとき、国土交通大臣の「認可」を受けなければならないのであって、「届出」では足りない。また、運送約款を変更したときも認可が必要とされている点に注意しよう。事業計画の変更については、届出だけで足りる場合が例外的に定められている（14ページ）こととも混同しないように注意。

CHECK 2　標準運送約款（同条第3項）
　国土交通大臣が標準運送約款を定めて公示した場合（これを変更して公示した場合を含む）で、一般貨物自動車運送事業者が標準運送約款と同一の運送約款を定めたとき、又は現に定めている運送約款を標準運送約款と同一のものに変更したときは、その運送約款については、国土交通大臣の認可を受けたものとみなされる。

ちょこっとアドバイス!!
「約款」とは、不特定多数の利用者との契約を処理するため、あらかじめ定型的に定められた契約条項のことだ。運送事業者は、たくさんの人と運送契約を結ぶことになるが、そのつど契約書を作成するのは大変なので、あらかじめ定型的な契約書をつくっておくイメージでよい。この1つの模範として国土交通大臣が定めた約款が「標準運送約款」である。

注意点等は「ポイント」でチェック！
学習する上で気を付けたい事項は「ポイント」で指南します。学習の参考にしてください。

「ちょこっとアドバイス!!」で、より深い理解ができる！
試験に直接は関係しないものの、知っておくと理解の助けになる情報等も掲載しています。より深い理解の助けになります。

各試験の出題法令基準日までに施行される法改正情報は、本書最終ページに記載のアドレスで確認することができます。

ゴロ トラック運送事業を始めるのは、今日か（許可）？。

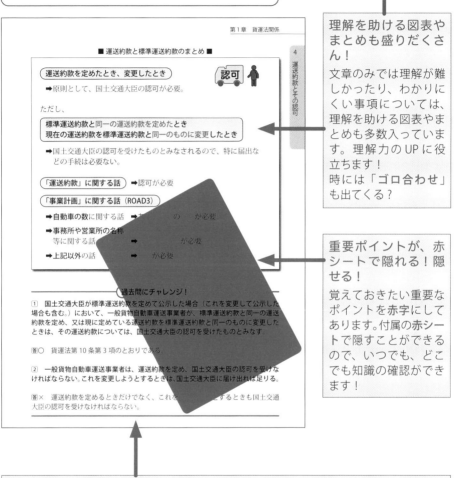

実際の本試験問題（過去問題）をすぐに確認できる！

各項目（ROAD）の最後には、その項目（ROAD）に関して出題された実際の本試験問題（過去問題）と解説を掲載しています。実際にどのような形で出題されているか、また、各項目（ROAD）の学習の確認がすぐにできます！

なお、令和3年度試験よりCBT試験（テストセンターのパソコンを使用した試験）へ完全に移行しましたが、出題内容に変化はありません。ただし、図や標識等を用いた問題はカラーで出題されることがあり、そのような過去問題を掲載する際は注意書きを入れてあります。また、出題後に法改正のあった過去問題等については一部改題しています。

いちばんわかりやすい！ 運行管理者〈貨物〉合格テキスト

C O N T E N T S

第4章　労基法関係　147

第5章　実務上の知識　187

受験ガイダンス（例年）

注意）この情報は本書編集時のものであり、変更される場合があります。受験される方は、ご自身で事前に必ず試験実施機関の発表する最新情報を確認してください。

1. 試験内容（合計 30 問：CBT 試験）

分　　野	出題数
（1）貨物自動車運送事業法関係	（8 問）
（2）道路運送車両法関係	（4 問）
（3）道路交通法関係	（5 問）
（4）労働基準法関係	（6 問）
（5）その他運行管理者の業務に関し、必要な実務上の知識及び能力	（7 問）

※法令等の改正があった場合は、改正された法令等の施行後 6 ヵ月間は改正前と改正後で解答が異なることとなる問題は出題されません。

◆合格基準（次の①及び②の得点を満たしていること）

① 原則として、総得点が満点の 60％（30 問中 18 問）以上あること。

② 上記表（1）～（4）の正解が各 1 問以上、（5）は 2 問以上あること。

2. 試験日程　　CBT 試験：8 月項及び 3 月項それぞれ 1 ヶ月程度の期間で実施。

3. 受験手数料　　6,000 円（非課税）この他、次の①②のいずれか 1 つが必要。

〔インターネット申請利用料等〕

①新規受験申請：660 円（税込）（システム利用料）

②再受験申請：860 円（税込）（システム利用料、事務手数料）

　また、試験結果レポートを希望し、別途申込みを行った受験者には試験結果レポートが通知されます。試験結果レポートの手数料は 140 円となっています（税込）。

◆試験に関する問い合わせ先

> （公財）運行管理者試験事務センター
> TEL 03-6635-9400（平日 9:00 ～ 17:00 はオペレータ対応）
> オペレータ対応時間外は自動音声案内のみの対応
> ホームページ　https://www.unkan.or.jp/

第1章

貨運法関係

貨運法の目的と定義

重要度

頻出項目ではないが、目的について穴埋め問題、定義については選択肢の１つとして問われることがある。特に目的規定は３回に１回くらいの頻度で出題されるので、押さえておこう。

CHECK
□ 1　貨運法の目的（貨運法第１条）

どの法律にも、作られた目的がちゃんとある。穴埋め問題対策として、キーワード部分を押さえておこう。

第１条

この法律は、貨物自動車運送事業の運営を適正かつ合理的なものとするとともに、貨物自動車運送に関するこの法律及びこの法律に基づく措置の遵守等を図るための民間団体等による自主的な活動を促進することにより、輸送の安全を確保するとともに、貨物自動車運送事業の健全な発達を図り、もって公共の福祉の増進に資することを目的とする。

 76ページの「車両法」の目的と混同しないようにしよう。

【 過去問にチャレンジ！ 】

貨物自動車運送事業法の目的について、次の A、B、C、D に入るべき字句を次の枠内の選択肢（1〜8）から選びなさい。

　この法律は、貨物自動車運送事業の運営を［　A　］なものとするとともに、貨物自動車運送に関するこの法律及びこの法律に基づく［　B　］を図るための［　C　］による自主的な活動を促進することにより、輸送の安全を確保するとともに、貨物自動車運送事業の［　D　］を図り、もって公共の福祉の増進に資することを目的とする。

1.　健全かつ効率的	2.　適正かつ合理的	3.　措置の遵守等
4.　秩序の確立	5.　民間団体等	6.　運送事業者
7.　健全な発達	8.　総合的な発達	

㊥ A：2　B：3　C：5　D：7　上記の貨運法第１条参照。

CHECK □ **2 貨物自動車運送事業の定義**

「貨物自動車運送事業」とは、次の3つの事業をいう。試験で問われることがあるので、それぞれの事業の定義は押さえておきたい。

貨物自動車運送事業

一般貨物自動車運送事業

他人の需要に応じ、有償で、自動車（三輪以上の軽自動車及び二輪の自動車を除く）を使用して貨物を運送する事業で、下の「特定貨物自動車運送事業」以外のものをいう。

特定貨物自動車運送事業

特定の者の需要に応じ、有償で、自動車を使用して貨物を運送する事業をいう。

貨物軽自動車運送事業

他人の需要に応じ、有償で、自動車（三輪以上の軽自動車及び二輪の自動車に限る）を使用して貨物を運送する事業をいう。

 ゴロ 「一般」に、「軽自動車」は「得（特定）」をする。

📦ポイント 「有償」とは、**対価を支払う**ということである。これに対して、対価を支払わずに行為を行ってもらうことを「無償」という。

「事業」なのだから当然すべて「有償」であるが、過去問では、定義中で無償と言葉を変えて出題されたこともあるので意識しておこう。

CHECK
□ **3　その他の定義**

　試験での出題可能性は低いが、その他の定義も念のため紹介しておく。**以下のものは、「貨物自動車運送事業」に含まれないことに注意すること。**

①特別積合せ貨物運送

　一般貨物自動車運送事業として行う運送のうち、営業所その他の事業場において集貨された貨物の仕分けを行い、集貨された貨物を積み合わせて他の事業場に運送し、当該他の事業場において運送された貨物の配達に必要な仕分けを行うものであって、これらの事業場の間における当該積合せ貨物の運送を定期的に行うものをいう。

②貨物自動車利用運送

　一般貨物自動車運送事業又は特定貨物自動車運送事業を経営する者が、他の一般貨物自動車運送事業又は特定貨物自動車運送事業を経営する者の行う運送（**自動車を使用して行う貨物の運送に係るものに限る**）を利用してする貨物の運送をいう。

■ 貨物自動車運送事業の定義のまとめ ■

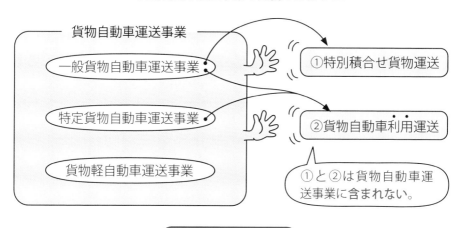

過去問にチャレンジ！

貨物自動車運送事業とは、一般貨物自動車運送事業、特定貨物自動車運送事業、貨物軽自動車運送事業及び貨物自動車利用運送事業をいう。

答× 　貨物自動車利用運送事業は、貨物自動車運送事業に含まれない。

ROAD 2　事業の許可

重要度

貨物自動車運送事業の許可とその内容は、近年ではほとんど出題されず、その難度も低い。ただし、許可の取消し等は、条文の穴埋め形式で出題されたこともあるので、その点は注意しておこう。

CHECK □ 1　事業の許可・申請（貨運法第3条、第4条、第6条）

　一般貨物自動車運送事業を経営しようとする者は、**国土交通大臣の許可**を受けなければならない。

　この許可を受けようとする者は、国土交通大臣に提出する**申請書**に事業用自動車の運行管理の体制その他の国土交通省令で定める事項を記載した書類を<ruby>添<rt>てん</rt></ruby><ruby>付<rt>ぷ</rt></ruby>しなければならない。

　そして、**国土交通大臣は**、許可の申請に対して、事業の計画が**過労運転の防止、事業用自動車の安全性その他輸送の安全を確保するため適切なもの**であることなどの**基準に適合している**と認めるときでなければ、同条の許可をしてはならない。

　トラック運送事業を始めるのは、今日か（許可）？

> **ポイント**　〈許可であり認可ではない〉
> 　一般貨物自動車運送事業を始めようとする者が受けなければならないのは、**国土交通大臣の許可**であり、**認可ではない**ことに注意しよう。なお、「許可」とは、一般的に禁止されているものを解除するイメージ、「認可」とは、成立に必要な同意を与えるイメージである。試験問題を解くうえで、この2つの法律的な違いを知っている必要はない。

CHECK □ 2　許可の取消し等（貨運法第33条）

　国土交通大臣は、事業者が次のいずれかに該当するときは、事業の許可を取り消すことができる。また、許可の取消しではなく、**6ヵ月以内**において期間を定めて、自動車その他の輸送施設の当該事業のための使用の停止、若しくは事業の全部若しくは一部の停止を命じることもできる。

許可の取消し等の事由

①**貨運法**若しくは**同法に基づく**命令若しくは**これらに基づく**処分に違反したとき

②道路運送法第83条（有償旅客運送の禁止）若しくは第95条（自動車に関する表示）の規定若しくは同法第84条第1項（運送に関する命令）の規定による処分又は許可若しくは認可に付した条件に違反したとき

③貨運法第5条（欠格事由）の第1号、第2号、第7号又は第8号※に該当するに至ったとき

※許可を受けようとする者が、1年以上の懲役又は禁錮の刑に処せられ、その執行を終わり、又は執行を受けることがなくなった日から5年を経過しない者であるときなど。

これらのいずれかに当たると、
次のいずれかの処分が下される。

6ヵ月以内の自動車その他の輸送施設の使用停止命令

6ヵ月以内の事業停止命令

事業の許可の取消し

 事業停止で、ろく（6ヵ月）に食えん。

 許可の取消し等については、条文の穴埋め問題がまれに出題されるが、よく問われるのは次の3つのポイントである。

①**許可の取消し等の要件**は「事業者が貨運法…に基づく**命令や処分に違反したとき**」、若しくは「道路運送法の規定による処分又は許可若しくは認可に付した条件に違反したとき」

②**事業停止等を命じることができる期間**は、6ヵ月以内

③国土交通大臣が命じることができるのは、自動車その他の輸送施設の**使用の停止**、事業停止、事業の許可の取消し

─────────┤ 過去問にチャレンジ！ ├─────────

① 一般貨物自動車運送事業を経営しようとする者は、国土交通大臣の認可を受けなければならない。

答× 一般貨物自動車運送事業を始めようとする者が受けなければならないのは、国土交通大臣の認可ではなく、許可である。

② 一般貨物自動車運送事業の許可を受けようとする者は、国土交通大臣に提出しなければならない申請書に事業用自動車の運行管理の体制その他の国土交通省令で定める事項を記載した書類を添付しなければならない。

答○ 貨運法第4条のとおりである。

③ 貨物自動車運送事業の許可の取消し等に関する次の文中、A・B・C・Dに入るべき字句の組合せとして、正しいものはどれか。

　国土交通大臣は、一般貨物自動車運送事業者が貨物自動車運送事業法若しくは同法に基づく命令若しくはこれらに基づく　A　若しくは道路運送法第83条（有償旅客運送の禁止）若しくは第95条（自動車に関する表示）の規定若しくは同法第84条第1項（運送に関する命令）の規定による　A　又は許可若しくは認可に付した　B　に違反したときは、　C　以内において期間を定めて　D　その他の輸送施設の当該事業のための使用の停止若しくは事業の全部若しくは一部の停止を命じ、又は事業の許可を取り消すことができる。

	A	B	C	D
1.	指導	事項	3ヵ月	営業所
2.	指導	条件	3ヵ月	自動車
3.	処分	条件	6ヵ月	自動車
4.	処分	事項	6ヵ月	営業所

答3 許可の取消し等の要件は、事業者が貨運法等に基づく「処分」に違反したとき、若しくは道路運送法の規定による「処分」又は許可若しくは認可に付した「条件」に違反したときなので、A、Bにはそれぞれ「処分」「条件」が入る。
また、事業停止を命じることができる期間は「6ヵ月」以内、事業停止のほかに国土交通大臣が命じることができるのは、「自動車」その他の輸送施設の使用の停止なので、C、Dにはそれぞれ「6ヵ月」「自動車」が入る。

ROAD 3 事業計画とその認可・届出

重要度

合格への道 事業計画は2回に1回くらいの頻度で出題される。特に事業計画の変更があった場合の届出時期には要注意。どのような場合に事前の届出が要求されるのか、しっかり押さえておこう。

CHECK ☐ **事業計画とその認可・届出（貨運法第8条、第9条）**

　一般貨物自動車運送事業者は、その業務を行う場合には、事業計画に定めるところに従わなければならない。

　また、事業計画を変更するときは、事業者は**国土交通省令に定めるものを除き、国土交通大臣の認可を受けなければならない**が、以下の**国土交通省令で定めるものの変更については、国土交通大臣への届出で足りる**。

　そして、届出で足りる事項については、次のように届出時期が異なるので注意しよう。

事業用自動車に関する国土交通省令で定める事業計画の変更

〈具体例〉
- 各営業所に配置する事業用自動車の種別ごとの数の変更
- 〃　　　運行車の数の変更

↓

「あらかじめ」（事前の届出）

国土交通省令で定める軽微な事項に関する事業計画の変更

〈具体例〉
- 主たる事務所の名称及び位置の変更
- 営業所又は荷 扱 所の名称の変更 ――など

↓

「遅滞なく」（事後の届出）

ゴロ　車の数を増やすなんて、あら〜（あらかじめ）いいわね。

> **ポイント**　〈「届出」事項でなければ、「認可」と考える〉
> 　左ページにおいて、「届出」で足りる事業計画の変更事項を紹介しているが、問題文を見て、**これらの「届出」事項でなければ**、原則に戻って、「**認可**」**が必要な事項**と考えておけば、試験では対応できる。

過去問にチャレンジ！

① 　一般貨物自動車運送事業者は、「事業用自動車の運転者、特定自動運行保安員及び運行の業務の補助に従事する従業員の休憩又は睡眠のための施設の位置及び収容能力」の事業計画の変更をしようとするときは、国土交通大臣の認可を受けなければならない。

答○　貨運法第9条のとおりである。休憩・睡眠のための施設については、届出事項とされていない。認可が必要となる。

② 　一般貨物自動車運送事業者は、「各営業所に配置する事業用自動車の種別ごとの数」の事業計画の変更をしたときは、遅滞なくその旨を、国土交通大臣に届け出なければならない。

答×　各営業所に配置する事業用自動車の種別ごとの数の変更をしたときの届出時期は、「あらかじめ」である。

③ 　一般貨物自動車運送事業者は、「主たる事務所の名称及び位置」の事業計画の変更をしたときは、遅滞なくその旨を、国土交通大臣に届け出なければならない。

答○　「主たる事務所の名称及び位置」の事業計画の変更は、遅滞なく、届け出ればよい。

④ 　一般貨物自動車運送事業者は、「自動車車庫の位置及び収容能力」の事業計画の変更をしようとするときは、国土交通大臣の認可を受けなければならない。

答○　貨運法第9条のとおりである。本問の内容に関する事業計画の変更については、届出事項ではなく、認可が必要となる。

ROAD 4　運送約款とその認可

重要度

合格への道　運送約款は、選択肢の1つとして問われるが、近年では出題頻度が減り、難度もさほど高くはない。ポイントをしっかりチェックしておけば、試験対策としては十分であろう。

CHECK 1　運送約款（貨運法第10条第1項）

　一般貨物自動車運送事業者は、運送約款を定め、国土交通大臣の認可を受けなければならない。同様に、運送約款を変更しようとするときも、国土交通大臣の認可を受けなければならない。

> **ポイント**　事業者は運送約款を定めたとき、国土交通大臣の「認可」を受けなければならないのであって、「届出」では足りない。また、運送約款を変更したときも認可が必要とされている点に注意しよう。事業計画の変更については、届出だけで足りる場合が例外的に定められている（14ページ）ことと混同しないように注意。

CHECK 2　標準運送約款（同条第3項）

　国土交通大臣が標準運送約款を定めて公示した場合（これを変更して公示した場合を含む）で、一般貨物自動車運送事業者が**標準運送約款**と同一の運送約款を定めたとき、又は現に定めている運送約款を**標準運送約款**と同一のものに変更したときは、その運送約款については、**国土交通大臣の認可を受けたものとみなされる**。

ちょこっとアドバイス!!

「約款」とは、不特定多数の利用者との契約を処理するため、**あらかじめ定型的に定められた契約条項**のことだ。運送事業者は、たくさんの人と運送契約を結ぶことになるが、そのつど契約書を作成するのは大変なので、あらかじめ定型的な契約書をつくっておくイメージでよい。この1つの模範として国土交通大臣が定めた約款が「標準運送約款」である。

■ ここまでの「認可」と「届出」のまとめ ■

（ 運送約款を定めたとき、変更したとき ）

➡原則として、国土交通大臣の認可が必要。

ただし、

（ 標準運送約款と同一の運送約款を定めたとき
現在の運送約款を標準運送約款と同一のものに変更したとき ）

➡国土交通大臣の認可を受けたものとみなされるので、特に届出などの手続は必要ない。

（「運送約款」に関する話 ）➡認可が必要

（「事業計画」に関する話（ROAD3））

➡自動車の数に関する話　➡あらかじめの届出が必要

➡事務所や営業所の名称
　　等に関する話　　　　➡遅滞なく届出が必要

➡上記以外の話　　　　➡認可が必要

過去問にチャレンジ！

① 国土交通大臣が標準運送約款を定めて公示した場合（これを変更して公示した場合を含む。）において、一般貨物自動車運送事業者が、標準運送約款と同一の運送約款を定め、又は現に定めている運送約款を標準運送約款と同一のものに変更したときは、その運送約款については、国土交通大臣の認可を受けたものとみなす。

答○　貨運法第10条第3項のとおりである。

② 一般貨物自動車運送事業者は、運送約款を定め、国土交通大臣の認可を受けなければならない。これを変更しようとするときは、国土交通大臣に届け出れば足りる。

答×　運送約款を定めるときだけでなく、これを変更しようとするときも国土交通大臣の認可を受けなければならない。

ROAD 5　運賃及び料金等の掲示

 運賃及び料金の届出に関する問題も、近年では出題頻度が減少した。問われる内容は毎回ほぼ同じなので、ポイントを押さえておけば試験対策としては十分だ。

CHECK □　運賃及び料金等の掲示（貨運法第11条）

　一般貨物自動車運送事業者は、運賃及び料金（個人を対象とするものに限る）、運送約款その他国土交通省令で定める事項を主たる事務所その他の営業所において公衆に見やすいように掲示しなければならない。

　なお、この掲示は個人の取引相手を対象とするものだが、相手方が個人であったとしても、その個人が事業として又は事業のために運送契約の当事者となる場合は含まれない。

> **ポイント**　運賃及び料金等の掲示が義務づけられるのは、貨物運送の対象が「個人を対象とするものに限る」。運行管理者試験においては、かなり珍しいケースだが、下で紹介する問題のように、「（個人を対象とするものを除く。）」などとして、問題文のカッコ書きの中の文章に誤りを含ませてくるパターンで出てくることがあるので要注意だ。しっかり押さえておこう。

――――――――（ 過去問にチャレンジ！ ）――――――――

① 　一般貨物自動車運送事業者は、運賃及び料金（個人を対象とするものを除く。）、運送約款その他国土交通省令で定める事項を主たる事務所その他の営業所において掲示しなければならない。

答× 　運賃及び料金等の掲示が義務づけられるのは、個人を対象とする運送契約の場合に限られる。

② 　一般貨物自動車運送事業者は、運賃及び料金（個人（事業として又は事業のために運送契約の当事者となる場合におけるものを除く。）を対象とするものに限る。）、運送約款その他国土交通省令で定める事項を主たる事務所その他の営業所において公衆に見やすいように掲示しなければならない。

答○ 　貨運法第11条のとおりである。

運行管理者の選任等

重要度

合格への道　運行管理者になるための試験だけあって、運行管理者の選任要件等はよく出題される。単純な知識問題だけではなく、計算の前提として知っておかねばならない問題もあるので重要度は高い。

CHECK
☐ 1　運行管理者の選任（貨運法第18条、安全規則第18条）

　一般貨物自動車運送事業者は、事業用自動車の運行の安全の確保に関する業務を行わせるため、運行管理者資格者証の交付を受けている者のうちから、各営業所において、法令で定められた数以上の運行管理者を選任しなければならない。

　なお、**1つの営業所において複数の運行管理者を選任する事業者**は、それらの業務を統括する運行管理者（統括運行管理者）も**選任しなければならない**。

■ 運行管理者選任数の計算方法 ■

$$\frac{（その営業所で管理している事業用自動車の台数－被けん引自動車の台数）}{30} ＋ 1$$

＊1未満の端数は切り捨て

なお、**5両未満の事業用自動車の運行を管理する営業所**で、地方運輸局長がその事業用自動車の種別や、地理的条件などを勘案して、事業用自動車の運行の安全の確保に支障を生ずるおそれがないと認めるものについては、**運行管理者を選任しないことも認められる。**

ポイント　〈**計算方法をマスターしよう**〉
　具体的には、23ページから紹介する過去問題を見たほうがイメージできると思うが、ある営業所において運行管理をしている事業用自動車の数を示し、そこからその営業所において選任すべき運行管理者の数を求める問題がしばしば出題される。選任数の計算方法をしっかりマスターしておこう。

CHECK ☐ 2　運行管理者資格者証の交付（貨運法第 19 条、安全規則第 24 条、第 25 条）

　一般貨物自動車運送事業者は、運行管理者資格者証（以下、「資格者証」とする）の交付を受けている者のうちから、運行管理者を選任する。

　この資格者証は、国土交通大臣が運行管理者試験**合格者**のほか、一般貨物自動車運送事業者等の事業用自動車の運行管理に関し **5 年以上の実務経験**を有し、**その間に**、国土交通大臣が告示で定める**講習で国土交通大臣の認定を受けたものを 5 回以上受講**した者に交付する。

　なお、資格者証の交付の申請について、**合格者については**、合格の日から **3 ヵ月以内**に行わねばならない。

　もっとも、国土交通大臣は、次のいずれかに該当する者に対しては、資格者証の交付を行わ゙な゙い゙ごどができる。

╭─**資格者証の交付を行わないことができる者**─╮

①資格者証の返納を命ぜられ、その日から **5 年を経過しない者**
②貨運法若しくは同法に基づく命令等に違反し、同法の規定により**罰金以上の刑**に処せられ、その執行を終わり、又はその執行を受けることがなくなった日から **5 年を経過しない者**

CHECK ☐ 3　運行管理者資格者証の訂正（安全規則第 26 条）

　資格者証の交付を受けている者は、**氏名に変更**を生じたときは、原則として、申請書に当該資格者証及び住民票の写し等を添付して地方運輸局長に提出し、**資格者証の訂正**を受けなければならない。

　もっとも、この資格者証の訂正に代えて、**資格者証の再交付**を受けることもできる。

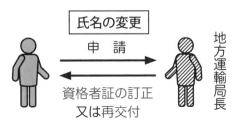

CHECK ☐ **4　運行管理者資格者証の返納（貨運法第 20 条、安全規則第 28 条）**

　国土交通大臣は、資格者証の交付を受けている者が**貨運法若しくは同法に基づく命令又はこれらに基づく処分に違反したときは、資格者証の返納を命**ずることができる。

　なお、資格者証を失ったために**資格者証の再交付を受けた者が、失った資格者証を発見したとき**は、遅滞なく、**発見した資格者証**をその住所地を管轄する地方運輸局長に**返納**しなければならない。

CHECK ☐ **5　補助者の選任（安全規則第 18 条第 3 項）**

　一般貨物自動車運送事業者等は、法令で規定される運行管理者資格者証を**有する者**か、国土交通大臣が認定する（基礎）講習の受講を修了した者のうちから、運行管理者の業務を補助させるための**補助者を選任することができる**。

　なお、補助者は**あくまで運行管理者の業務の補助**を行う者であり、**その補助業務は、運行管理者の指導及び監督のもと行われる**ものである。よって、例えば、補助者が行う点呼において、運転者に安全な運転が行えないおそれが確認された場合、直ちに運行管理者へ報告を行い、運行の可否の決定等についての指示を仰ぎ、それを受けて運転者に対して指示を行う。

 ポイント　〈補助者に**実務要件は求められない**〉

　補助者の選任については、**事業者の業務**であり、また、運行管理者のように**実務要件が求められていない**。そして、この補助者の選任については、過去に「○年以上の実務経験を有し…」とする**誤った選択肢がたびたび出題**されているので、注意しておこう。

👍 **ちょこっとアドバイス!!**

上記の補助者の選任をする者は、一般貨物自動車運送事業者「**等**」となっているが、これは「一般貨物自動車運送事業者及び特定貨物自動車運送事業者」のことを意味する言いまわしであり（安全規則第 2 条の 7 等）、受験上は気にする必要がない。"**事業を行っている者**"に対する規定であることさえ意識できていれば大丈夫だ。

6　運行管理規程（安全規則第 21 条）

　一般貨物自動車運送事業者等は、運行管理者の職務及び権限、統括運行管理者を選任しなければならない営業所にあっては、その職務及び権限並びに事業用自動車の運行の安全確保に関する業務の処理基準として、運行管理規程を定めなければならない。

　そして、この運行管理規程に定める運行管理者の権限は、安全規則第 20 条に定める運行管理者の業務（42 ページ以降参照）を処理するに足りるものでなければならない。

🚚 ポイント　〈穴埋め問題での出題実績もあり〉
　上記の運行管理規程の知識は、2 ～ 3 回に 1 度の頻度で出題されており、穴埋め問題での出題実績もあるため、特に赤字部分は押さえておくこと。また、**運行管理規程の作成が「事業者」の業務である点**（運行管理者の業務ではない）も注意しておこう。

7　運行管理者の指導・監督（安全規則第 22 条）

　一般貨物自動車運送事業者等は、運行管理業務の適確な処理及び運行管理規程の遵守について、運行管理者に対する適切な指導・監督を行わなければならない。

8　運行管理者の講習（安全規則第 23 条）

　一般貨物自動車運送事業者等は、新たに選任した運行管理者、また、死者若しくは重傷者が生じた事故を引き起こした事業用自動車の運行を管理する営業所と、事業停止命令・許可取消しの原因行為となる違反行為が行われた営業所において選任している運行管理者については、国土交通大臣の認定を受けた講習を受けさせなければならない。

　なお、「新たに選任」という点について、他の事業者において運行管理者として選任されていた者でも、当該事業者に選任されたことがない者は、新たに選任した運行管理者となる。

━━━━━━ 過去問にチャレンジ！ ━━━━━━

① 事業者は、事業用自動車（被けん引自動車を除く。）の運行を管理する営業所ごとに、当該営業所が運行を管理する事業用自動車の数を 30 で除して得た数（その数に 1 未満の端数があるときは、これを切り捨てるものとする。）に 1 を加算して得た数以上の運行管理者を選任しなければならない。ただし、5 両未満の事業用自動車の運行を管理する営業所であって、地方運輸局長が当該事業用自動車の種別、地理的条件その他の事情を勘案して当該事業用自動車の運行の安全の確保に支障を生ずるおそれがないと認めるものについては、この限りでない。

答○　安全規則第 18 条のとおりである（19 ページ参照）。

② 運行車（特別積合せ貨物運送に係る運行系統に配置する事業用自動車）20 両（うち、被けん引自動車 0 両）の運行を管理する営業所では、運行管理者を 1 名以上選任しなければならない。

答○　運行管理者の数を求める計算式は、（その営業所で管理している事業用自動車の台数－被けん引自動車の台数）÷ 30 ＋ 1 である（1 未満の端数は切り捨て）。すると、本問で必要となる運行管理者数は、（20 － 0）÷ 30 ＋ 1 から、約 1.7 人となる。そして、1 未満の端数は切り捨てるので、必要な運行管理者は 1 人となり、運行管理者を 1 名以上選任しなければならない。

③ 120 両の事業用自動車（うち、被けん引自動車 0 両）の運行を管理し、現在 5 名の運行管理者が選任されている営業所において、70 両（うち、被けん引自動車 20 両）増車する場合には、運行管理者を 1 名以上追加選任しなければならない。

答○　上記問題②の解説で述べた計算式から、本問で必要となる運行管理者数は、（190 － 20）÷ 30 ＋ 1 から、約 6.7 人となる。そして、1 未満の端数は切り捨てるので、必要な運行管理者は 6 人となり、運行管理者を 1 名以上追加選任しなければならない。

④ 一般貨物自動車運送事業の事業用自動車の運行の管理に関し 5 年以上の実務の経験を有し、その間に国土交通大臣が認定する運行の管理に関する講習を 3 回以上受講した者は、一般貨物自動車運送事業の資格者証の交付を受けることができる。

答×　資格者証の交付を受けることができる者は、運行管理者試験の**合格者**のほか、一般貨物自動車運送事業者等の事業用自動車の運行管理に関し 5 年**以上の実務経験**を有し、**その間に**、国土交通大臣が認定する運行管理に関する講習を 5 回**以上受講**した者である。

⑤　資格者証の交付を受けている者は、氏名に変更を生じたときは、運行管理者資格者証訂正申請書に当該資格者証及び住民票の写し又はこれに類するものであって変更の事実を証明する書類を添付してその住所地を管轄する地方運輸局長に提出し、資格者証の訂正を受けなければならない。

㉄○　安全規則第 26 条第 1 項のとおりである。

⑥　資格者証を失ったために資格者証の再交付を受けた者は、失った資格者証を発見したときは、遅滞なく、発見した資格者証をその住所地を管轄する地方運輸局長に返納しなければならない。

㉄○　安全規則第 28 条第 1 項のとおりである。

⑦　資格者証の交付の申請は、運行管理者試験に合格した者にあっては、合格の日から 3 ヵ月以内に行わなければならない。

㉄○　安全規則第 25 条第 3 項のとおりである。

⑧　事業者は、選任した運行管理者の職務及び権限並びに事業用自動車の運行の安全の確保に関する業務の処理基準に関する安全管理規程を定めなければならない。

㉄×　本問の内容で定めるべきものは「運行管理規程」である（安全規則第 21 条第 1 項）。なお、「安全管理規程」については次ページ参照。

⑨　運行管理者は、運行管理者の職務及び権限、統括運行管理者を選任しなければならない営業所にあってはその職務及び権限並びに事業用自動車の運行の安全の確保に関する業務の処理基準に関する規程（運行管理規程）を定める。

㉄×　運行管理規程は、一般貨物自動車運送事業者等が定める義務を負う。

 ちょこっとアドバイス‼

上記の問題⑧のように、細かい部分が変えられたヒッカケ問題が“たまに”出るのも運行管理者試験の特徴である。もちろん、このような問題ばかりではないが、用語を正確に覚えることを意識しておこう。また、問題⑨のように、運行管理規程を定める義務を負うのは、事業者と運行管理者のどちらかという点はよく出題されるので注意しておこう。

ROAD 7 輸送の安全（総論）

重要度 ★★★

合格への道 一口に「輸送の安全」といっても、試験に出題される法令の内容は究極的にはすべて「輸送の安全」を目的にしている。ここでは総論として、貨運法第17条を中心とした規定内容を確認しよう。

CHECK □ 1 安全管理規程と安全統括管理者（貨運法第15条、第16条、安全規則第2条の3）

一般貨物自動車運送事業者は、輸送の安全の確保が最も重要であることを自覚し、絶えず輸送の安全性の向上に努めなければならない。

そして、被けん引自動車を除き、事業用自動車の**保有車両数が200両以上**の一般貨物自動車運送**事業者は、安全管理規程を定め**、国土交通省令で定めるところにより、**国土交通大臣に届け出なければならない。**これを変更しようとするときも、同様である。

安全管理規程とは、輸送の安全を確保するための**事業の運営方針や管理体制**などを定めるものだが、ここで定めるべきもののうち**安全統括管理者の選任**に関する事項がある。

安全統括管理者とは、**安全管理規程に掲げる事項に関する業務を統括管理**させるために一定の要件を備える者のうちから事業者が選任する者であり、**安全管理規程を定める一般貨物自動車運送事業者は、この安全統括管理者を選任しなければならない。**

また、一般貨物自動車運送事業者は、この安全統括管理者を選任し、又は**解任**したときは、国土交通省令で定めるところにより、**遅滞なく、その旨を国土交通大臣に届け出なければならない。**

なお、一般貨物自動車運送事業者は、輸送の安全の確保に関し、安全統括管理者のその職務を行う上での意見を**尊重**しなければならず、安全統括管理者がその職務を怠った場合において、当該安全統括管理者が引き続きその職務を行うことが輸送の安全の確保に著しく支障を及ぼすおそれがあると認めるとき、国土交通大臣は、一般貨物自動車運送事業者に対し、当該安全統括管理者を解任すべきことを命ずることができる。

CHECK
□ **2　事業者の講じるべき措置（貨運法第 17 条第 1 項、第 2 項）**

　一般貨物自動車運送事業者は、輸送の安全を確保するための必要な措置を講じる義務がある。この義務を総論的に規定している**貨運法第 17 条第 1 項**が**穴埋め問題として出題**されるので、赤字部分を押さえておこう。

第 17 条第 1 項

一般貨物自動車運送事業者は、次に掲げる事項に関し国土交通省令で定める基準を遵守しなければならない。

一　事業用自動車の数、荷役その他の事業用自動車の運転に附帯する作業の状況等に応じて**必要となる員数の運転者及びその他の従業員の確保**、事業用自動車の運転者がその休憩又は睡眠のために利用することができる施設の整備及び管理、事業用自動車の運転者の適切な勤務時間及び乗務時間の設定その他事業用自動車の運転者の過労運転を防止するために必要な事項

二　事業用自動車の定期的な点検及び整備その他事業用自動車の安全性を確保するために必要な事項

　また、一般貨物自動車運送**事業者は**、事業用自動車の**運転者が疾病により安全な運転ができないおそれがある状態で事業用自動車を運転することを防止するために必要な医学的知見に基づく措置を講じなければならない。**

CHECK
□ **3　過積載（かせきさい）の防止等（貨運法第 17 条第 3 項、第 64 条、安全規則第 4 条、第 5 条の 2）**

　貨運法は輸送の安全を図るために、一般貨物自動車運送事業者に対し、**過積載による運送を助長する次ページの行為を禁止している。**また、道路法第 47 条第 2 項の規定（車両の幅、重量、高さ、長さ、最小回転半径の最高限度違反）に違反し、最高限度を超える車両の通行に関し道路管理者が付した条件（通行経路、通行時間等）に違反して道路を通行する行為の防止について、運転者、特定自動運行保安員その他の従業員に対する適切な指導及び監督を怠（おこた）ってはならない。

┌─ **事業者に禁止される行為** ─┐
① **過積載**による**運送の引受け**
② **過積載**による運送を前提とする事業用自動車の運行計画の作成
③ 事業用自動車の運転者その他の従業員に対する**過積載による運送の指示**
└────────────┘

　さらに**事業者は**、貨物の積載について**偏荷重が生じないように積載**し、貨物が運搬中に荷崩れ等で**落下することを防止**するため、貨物にロープ又はシートを掛けるなど、必要な措置を講じなければならない（安全規則第 5 条）。この義務は、すべての貨物事業用自動車に対して適用される。

　なお、**過積載が**荷主の指示に基づくことが明らかで、事業者の処分等では再発防止が困難な場合、**国土交通大臣は**荷主に措置をとるべきことを勧告できる。また、この勧告をしたときは、その旨を公表する。

CHECK ☐　4　輸送の安全確保を阻害する行為の禁止（貨運法第 22 条の 2）

　一般貨物自動車運送事業者は、貨物自動車「利用」運送を行う場合、その利用する運送事業者が貨運法の規定又は安全管理規程を遵守することにより輸送の安全を確保することを阻害してはならない。要するに、**事業者が他の事業者を利用**することで、**運送事業を行う場合**、利用される他の事業者の行っ**ている安全確保措置**を阻害してはならないという規定である。

CHECK ☐　5　輸送の安全にかかわる情報の公表（安全規則第 2 条の 8）

　一般貨物自動車運送事業者等は、国土交通大臣から一般貨物自動車運送輸送の安全に係る**処分を受けたときは**、遅滞なく、当該処分の内容並びに当該処分に基づき講じた措置及び講じようとする措置の内容をインターネットの利用その他の適切な方法により公表しなければならない。

　また、事業者は、**毎事業年度の経過後 100 日以内に**、インターネットの利用その他適切な方法により、以下の情報を公表しなければならない。

┌─ **事業者が公表しなければならない情報** ─┐
① 輸送の安全に関する**基本的な方針**
② 輸送の安全に関する**目標及びその達成状況**
③ 自動車事故報告規則に規定する**事故の統計**
└────────────┘

① 貨物自動車運送事業法に定める一般貨物自動車運送事業者の輸送の安全についての次の文中、A、B、C、D に入るべき字句を下の枠内の選択肢（1〜8）から選びなさい。

一般貨物自動車運送事業者は、次に掲げる事項に関し国土交通省令で定める基準を遵守しなければならない。

一 事業用自動車の　A　、荷役その他の事業用自動車の運転に附帯する作業の状況等に応じて　B　運転者及びその他の従業員の確保、事業用自動車の運転者がその休憩又は睡眠のために利用することができる施設の整備及び管理、事業用自動車の運転者の適切な勤務時間及び　C　の設定その他事業用自動車の運転者の　D　するために必要な事項

1. 種　類	2. 安全運転を確保	3. 乗務時間
4. 過労運転を防止	5. 数	6. 必要となる員数の
7. 休息時間	8. 必要な資格を有する	

圏 A：5（数）　B：6（必要となる員数の）　C：3（乗務時間）　D：4（過労運転を防止）
26 ページの貨運法第 17 条第 1 項参照。

② 事業者は、事業用自動車に貨物を積載するときに偏荷重が生じないように積載するとともに、運搬中に荷崩れ等により事業用自動車から落下することを防止するため、貨物にロープ又はシートを掛けること等必要な措置を講じなければならないとされている。この措置を講じなければならないとされる事業用自動車は、車両総重量が 8 トン以上又は最大積載量が 5 トン以上のものである。

圏× 偏荷重の防止等の義務は、全事業用自動車に対して適用される（安全規則第 5 条）。車両総重量が 8 トン以上又は最大積載量が 5 トン以上のものに限られてはいない。なお、この知識は頻繁に出題され、選択肢の単位ではなく、その問題自体の正解になることが多いので注意しておこう。

③ 一般貨物自動車運送事業者は、貨物自動車運送事業法第 23 条（輸送の安全確保の命令）、同法第 26 条（事業改善の命令）又は同法第 33 条（許可の取消し等）の規定による処分（輸送の安全に係るものに限る。）を受けたときは、遅滞なく、当該処分の内容並びに当該処分に基づき講じた措置及び講じようとする措置の内容をインターネットの利用その他の適切な方法により公表しなければならない。

圏○ 安全規則第 2 条の 8 のとおりである。

ROAD 8 過労運転等の防止

重要度 ★★★

合格への道 安全規則第3条で規定される「過労運転等の防止」は、輸送の安全を図るうえで欠かせない要素であり、近年はほぼ毎回出題されている重要テーマである。ここで紹介する話はすべて押さえよう。

CHECK □ 1 必要な運転者等の数の選任（安全規則第3条第1項、第2項）

一般貨物自動車運送**事業者等**は、事業計画に従い、業務を行うに**必要な員数の事業用自動車の運転者又は特定自動運行保安員を常時選任**しておかなければならない。

これは、各営業所での事業計画を実施するに足りる運転者等の数が不足している場合、在籍する運転者等の過労運転につながるため、それを防止するための規定である。

また、その選任する**運転者及び特定自動運行保安員は、日々雇い入れられる者、2ヵ月以内の期間を定めて使用される者又は試みの使用期間中の者（14日を超えて引き続き使用されるに至った者を除く）**であってはならない。経験があり、各営業所に常態的に在籍する運転者を選任させることで、運行の安全を確保するねらいがある。

> **ポイント** 〈穴埋め問題の出題もある！〉
> 上記の安全規則第3条第1項と第2項、また、次の第3項については、**そのまま穴埋め問題として出題される**こともある。穴埋め問題対策としても、赤字部分は押さえておこう！

CHECK □ 2 休憩・睡眠施設の管理と保守（安全規則第3条第3項）

貨物自動車運送事業者は、運転者、特定自動運行保安員及び運行の業務の補助に従事する従業員（乗務員等）が有効に利用できるよう、**休憩に必要な施設**を整備し、睡眠を与える必要がある場合は、**睡眠に必要な施設**を整備し、これらの**施設**を適切に**管理し、保守**しなければならない。

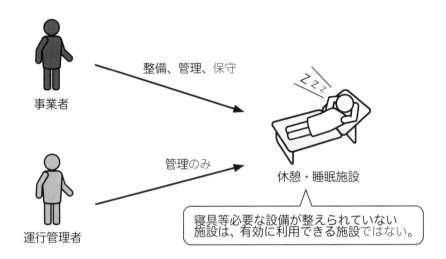

整備、管理、保守

事業者

管理のみ

休憩・睡眠施設

寝具等必要な設備が整えられていない施設は、有効に利用できる施設ではない。

運行管理者

**3　運転者が十分に休むことのできる勤務時間と乗務時間の作成
　　（安全規則第 3 条第 4 項）**

　貨物自動車運送事業者は、休憩・睡眠、勤務終了後の休息のための時間が十分に確保されるように、国土交通大臣が告示で定める基準に従って、**運転者の勤務時間及び乗務時間を定めなければならない**。勤務「**日数**」と乗務「**距離**」ではない。運転者が十分に休むことができてこそ、過労運転が防止できるからである。

☑ CHECK 4　安全な運転ができないおそれのある乗務員等の運行の業務禁止（安全規則第3条第5項、第6項等）

　貨物自動車運送事業者は、乗務員等の健康状態の把握に努め、酒気を帯びた状態にある乗務員等はもちろん、疾病、疲労、睡眠不足その他の理由により安全に運行の業務を遂行し、又はその補助をすることができないおそれがある乗務員等を事業用自動車の運行の業務に従事させてはならない。

> 🚚 **ポイント**　〈結論は「安全に運行の業務を遂行」ができるか否か〉
> 　上記の安全規則第3条第5項と第6項の規定について、結局は"何らかの理由"で「安全に運行の業務を遂行」ができないおそれのある乗務員等を運行の業務に従事させてはならないことになる。なお、運行管理者に対しても同様の義務規定があるため、これらは運行管理者の義務でもある。

　また、事業者には、運転者に対する**雇入れ時の健康診断**及び**定期健康診断**の実施が義務づけられており（労働安全衛生法第66条第1項）、これにより運転者の健康状態を把握する必要がある。

　このうち**定期健康診断**は、**1年以内ごとに1回**、定期的に行わなければならないが、**深夜業に従事する者**に対しては、**6ヵ月以内ごとに1回以上**、行わなければならない（労働安全衛生規則第44条、第45条等）。

　また、雇入れ時の健康診断について、健康診断を受けた後、**3ヵ月**を経過しない者を雇い入れる場合、その者が当該健康診断の結果を証明する書面を提出したならば、**その項目については除外できる**。

　そして、健康診断により**異常の所見**がある場合、事業者は医師から**運転者の乗務の可否**や乗務の際の配慮事項等を**聴取**し、健康診断の個人票の「医師の意見」欄に記入を求める必要がある。また運転者に対しては、医師による面接指導等を受診させ、必要に応じて、所見に応じた**検査を受診**させる必要がある（国土交通省『事業用自動車の運転者の健康管理マニュアル』より）。

　なお、運転者は、事業者の指定した医師による健康診断を希望しない場合、**他の医師の行う健康診断**を受け、その結果を証明する**書面を提出することもできる**（労働安全衛生法第66条第5項）。

CHECK □ **5 交替運転者の配置（安全規則第3条第7項）**

　一般貨物自動車運送事業者等は、運転者が長距離運転又は夜間の運転に従事する場合であって、疲労等により安全な運転を継続することができないおそれがあるときは、あらかじめ交替するための運転者を配置しておかなければならない。

CHECK □ **6 特別積合せ貨物運送の運行業務基準（安全規則第3条第8項）**

　特別積合せ貨物運送を行う一般貨物自動車運送事業者は、当該特別積合せ貨物運送に係る運行系統であって起点から終点までの距離が100キロメートルを超えるものごとに、①主な地点間の運行時分及び平均速度、②乗務員等が休憩又は睡眠をする地点及び時間、③交替するための運転者を配置する場合にあっては、運転を交替する地点について、事業用自動車の運行の業務に関する基準を定め、かつ、当該基準の遵守について乗務員等に対する適切な指導及び監督を行わなければならない。

 ちょこっとアドバイス!!

特別積合せ貨物運送とは、簡単にいうと、**事業所間の荷物の運送等を行う**ものだ（10ページ参照）。この点について規定する安全規則第3条第8項については、「**起点から終点までの距離が100キロメートルを超えるものごと**」という点がポイントで、ここの数値を変えるヒッカケ問題が出る。なお、運行の業務の基準を定めるべき①～③の事項は、余力があれば覚える程度で大丈夫であろう。

――――――――― 過去問にチャレンジ！ ―――――――――

① 一般貨物自動車運送事業の運行管理者の行わなければならない業務としては、休憩又は睡眠のための時間及び勤務が終了した後の休息のための時間が十分に確保されるように、国土交通大臣が告示で定める基準に従って、運転者の勤務時間及び乗務時間を定め、当該運転者にこれらを遵守させること、がある。

答× 運転者の勤務時間と乗務時間を定める義務があるのは、事業者である。運行管理者が行うのは、事業者が定めた運転者の勤務時間及び乗務時間の範囲内で作成する乗務割である。

② 　貨物自動車運送事業輸送安全規則に定める貨物自動車運送事業者の過労運転等の防止についての次の文中、A、B、C、D に入るべき字句を下の枠内の選択肢（1 〜 8）から選びなさい。

1. 　一般貨物自動車運送事業者等は、 A に従い業務を行うに B 事業用自動車の運転者（以下「運転者」という。）又は特定自動運行保安員を常時選任しておかなければならない。

2. 　前項の規定により選任する運転者及び特定自動運行保安員は、日々雇い入れられる者、 C 以内の期間を定めて使用される者又は試みの使用期間中の者（14 日を超えて引き続き使用されるに至った者を除く。）であってはならない。

3. 　貨物自動車運送事業者は、運転者、特定自動運行保安員及び事業用自動車の運行の業務の補助に従事する従業員（以下「乗務員等」という。）が有効に利用することができるように、 D に必要な施設を整備し、及び乗務員等に睡眠を与える必要がある場合にあっては、睡眠に必要な施設を整備し、並びにこれらの施設を適切に管理し、及び保守しなければならない。

1.　運行計画	2.　2 ヵ月	3.　待機
4.　必要な資格を有する	5.　休憩	6.　必要な員数の
7.　3 ヵ月	8.　事業計画	

🈁 A：8（事業計画）　B：6（必要な員数の）　C：2（2 ヵ月）　D：5（休憩）　29 ページの安全規則第 3 条第 1 項〜第 3 項参照。

③ 　事業者は、乗務員等の身体に保有するアルコールの程度が、道路交通法施行令第 44 条の 3（アルコールの程度）に規定する呼気中のアルコール濃度 1 リットルにつき 0.15 ミリグラム以上であるか否かを問わず、酒気を帯びた状態であれば当該乗務員等を事業用自動車の運行の業務に従事させてはならない。

🈁〇　道路交通法施行令の規定にかかわらず、酒気を帯びた状態の乗務員等を事業用自動車の運行の業務に従事させてはならない（安全規則第 3 条第 5 項）。

④ 　特別積合せ貨物運送を行う一般貨物自動車運送事業者は、当該特別積合せ貨物運送に係る運行系統であって起点から終点までの距離が 150 キロメートルを超えるものごとに、①主な地点間の運行時分及び平均速度　②乗務員等が休憩又は睡眠をする地点及び時間　③交替するための運転者を配置する場合にあっては、運転を交替する地点について事業用自動車の運行の業務に関する基準を定めなければならない。

🈁×　「起点から終点までの距離が 100 キロメートルを超えるものごと」に、本問①〜③の運行の業務基準を定める（安全規則第 3 条第 8 項）。

⑤　一般貨物自動車運送事業者（以下「事業者」という。）の過労運転等の防止に関する次の文中、A、B、C、D に入るべき字句の組合せとして、正しいものはどれか。

　　事業者は、乗務員等の　A　に努め、疾病、疲労、睡眠不足その他の理由により　B　をし、又はその補助をすることができないおそれがある乗務員等を事業用自動車の運行の業務に従事させてはならない。
　　また、事業者は、運転者が長距離運転又は　C　に従事する場合であって、疲労等により　D　することができないおそれがあるときは、あらかじめ、当該運転者と交替するための運転者を配置しておかなければならない。

	A	B	C	D
1.	健康状態の把握	効率的な輸送	長時間の連続運転	安全な運転を継続
2.	生活習慣の把握	安全に運行の業務を遂行	夜間の運転	道路交通法令を遵守
3.	健康状態の把握	安全に運行の業務を遂行	夜間の運転	安全な運転を継続
4.	生活習慣の把握	効率的な輸送	長時間の連続運転	道路交通法令を遵守

答3　31〜32ページの安全規則第3条第6項、第7項参照。

⑥　事業者は、深夜（夜11時出庫）を中心とした業務に常時従事する運転者に対し、法に定める定期健康診断を1年に1回、必ず、定期に受診させるようにしている。しかし、過去の診断結果に「異常の所見」があった運転者及び健康に不安を持ち受診を希望する運転者に対しては、6ヵ月ごとに受診させている。

答×　深夜業に従事する者に対する定期健康診断は、6ヵ月以内ごとに1回以上、行わなければならない（労働安全衛生規則第44条、第45条等）。なお、本問の後半部分については正しい。

⑦　事業者が、自社指定の医師による定期健康診断を実施したが、一部の運転者からは当該医師による健康診断ではなく他の医師による健康診断を受診したい旨の希望があった。そこで、自社で実施した健康診断を受診しなかった運転者には、他の医師が行う当該健康診断に相当する健康診断を受け、その結果を証明する書面を提出するようにさせた。

答○　事業者の指定した医師による健康診断を希望しない場合、他の医師の行う健康診断を受け、その結果を証明する書面を提出することもできる（労働安全衛生法第66条第5項）。

事故の報告と速報

重要度

合格への道　事故の「報告」と「速報」は重要である。報告対象となる事故を問う問題はまず間違いなく出題される。事故の種類が多いため、はじめは大変だが、慣れれば難しいことはない。穴がないように押さえておこう。

CHECK ☐ **1　事故の報告（貨運法第 24 条、事故報告規則第 2 条、第 3 条）**

　一般貨物自動車運送**事業者**は、その事業用自動車が以下の一覧表に記載する重大な事故を引き起こしたときは、遅滞なく、事故の種類、原因その他国土交通省令で定める事項を**国土交通大臣に届け出なければならない。**

　そして、事故があった日（次ページの⑩は、事業者が当該救護義務違反があったことを知った日）から **30 日以内**に、**当該事故ごとに報告書 3 通**を当該自動車の使用の本拠の位置を管轄する運輸支局長等を経由して、**国土交通大臣に提出**しなければならない。

👆 **ちょこっとアドバイス‼**

要するに、重大事故が発生してしまった場合、**事業者は、**諸々の事項を**国土交通大臣に届け出る**とともに、**報告書 3 通を提出**しなければならないということだ。ここまでの赤字部分は穴埋め問題対策として覚えておこう。

その上で、**報告を要する事故の種類は、**そのうちのどれかが出題されるため覚えておかねばならない。報告を要する事故をすべて紹介したのち、次ページから特に注意したいポイントを解説するが、報告を要する事故はどれもイメージしにくいものではないので、「**過去問題を解いたらここに戻る**」を繰り返して、少しずつ把握すれば対応できる！

報告を要する事故（事故報告規則第 2 条等）

①自動車の転覆、転落、火災（積載物品の火災を含む）。
　また、鉄道車両（軌道車両を含む）との衝突・接触。

② 10 台以上の自動車の**衝突又は接触。**

③死者又は**重傷者**を生じたもの。

④10人以上の負傷者を生じたもの。

⑤特定の積載物が（一部でも）飛散・漏えいしたもの。

⑥自動車に積載されたコンテナが落下したもの。

⑦操縦装置又は乗降口の扉を開閉する操作装置の不適切な操作によって、旅客に一定程度の傷害が生じたもの。

⑧**酒気帯び運転、無免許運転**、大型自動車等無資格運転又は**麻薬等運転**を伴うもの。

⑨運転者又は特定自動運行保安員の**疾病**により、**運行を継続**することができなくなったもの。

⑩**救護義務違反**（いわゆる轢き逃げ）。

⑪一定の自動車装置の故障により、自動車が**運行**できなくなったもの。
⇒この場合、報告書に当該自動車の自動車検査証の有効期間、使用開始後の総走行距離など所定事項を記載した書面、故障の状況を示す**略図**又は**写真**を添付しなければならない。

⑫故障により、**車輪の脱落**、被けん引自動車の**分離**を生じたもの。
⇒この場合、報告書に当該自動車の自動車検査証の有効期間、使用開始後の総走行距離など所定事項を記載した書面、故障の状況を示す**略図**又は**写真**を添付しなければならない。

⑬**橋脚、架線**その他の**鉄道施設を損傷**し、3時間以上本線において鉄道車両の運転を**休止**させたもの。

⑭**高速自動車国道**又は**自動車専用道路**において、3時間以上自動車の通行を**禁止**させたもの。

⑮その他、国土交通大臣が特に必要と認めて報告を指示したもの。

この一覧は**まんべんなく出題**されるため、**どれも押さえておきたい**。ただし、文章中に赤字や太字のない事故は、ほぼ出題実績がないものなので、まずは赤字部分を中心に押さえよう。そして、特に注意すべきが「③**死者**又は**重傷者を生じたもの**」だ。死者を生じた事故が重大であることは当然だが、問題

はどの程度の負傷を「重傷者」というかである。

　この点について規定しているのが自動車損害賠償保障法施行令第 5 条第 2 号、第 3 号であり、この規定をまとめると、**次の負傷を負った者が「重傷者」**となる。

「重傷者」に該当するもの

①**脊柱、上腕又は前腕、大腿又は下腿の骨折。**

②**内臓の破裂。**

③**入院を要し、かつ、30 日間以上の医師の治療**を要するもの。

④**14 日以上の入院**を要するもの。

　なお、上記の「**重傷者**」に該当**しない**場合でも、**10 人以上の負傷者**がでた事故については**報告が必要**となるので、この点も注意したい。

　また、数値が出てくる知識は問題に出やすいので、前ページの⑬と⑭の **3 時間以上、高速道路や鉄道を止めてしまった事故**も注意しておこう。

　30 歳（30 日間以上の医師の治療）で、入院したら報告ね。
　そうじゃなくても、いよいよ（14 日以上）入院でも報告ね。

　次に、35 ページの①の自動車の「**転覆、転落**」部分についてだが、「**転覆**」については、**自動車が道路上で路面 35 度以上の傾斜**をしたものとされている。この点、正確な角度を覚えていなくとも、例えば、**運転席が下になる横転**をしていれば、90 度の傾斜なので、**転覆に当たる**ことになる。

　また、「**転落**」については、**落差が 0.5 メートル以上**のものとされている。近年では、ここまで出題されているので覚えておこう。

　そして、前ページの⑤の「**特定の積載物**」（の飛散・漏えい）は、"**危険なもの**"を飛散・漏えいさせてしまった場合と考えておけば、実際の細かい物質名等まで覚えなくても試験では対応できる。例えば、**灯油や高圧ガスなどの燃えるもの**、核燃料物質やその汚染物などの**放射線の危険があるもの**、**毒物・劇物**といわれる**危険な薬品類**である。

2 事故の速報（事故報告規則第4条）

　さらに、**より重大な事故**については、事故の「速報」を行わねばならない。具体的には、事業者等は、その使用する自動車について、**次のいずれかに該当する事故があったとき又は国土交通大臣の指示があったとき**は、電話その他適当な方法により、24時間以内においてできる限り速やかに、その事故の概要を運輸支局長等に**速報しなければならない**。

　なお、**この速報を行ったことで、35ページの報告書の提出は省略できない**。

┌─ 速報を要する事故 ─────────────────────────

① **2人以上の死者又は5人以上の重傷者を生じた事故**

② **10人以上の負傷者を生じた事故**

③ **自動車が何らかの物件と衝突・接触、転覆、転落、火災を起こしたことで生じた、特定の積載物が飛散・漏えいする事故**

④ **酒気帯び運転を伴う事故**

───────────────────────────────────────┘

┌──────────────────────────────────────

「速報」のポイント　※「重傷者」や「積載物」の内容は、「報告」と同じ。

① **「死者」と「重傷者」が生じた事故。**
　⇒死者が複数であれば、**速報を要する**。
　⇒1人の場合は、報告のみで足りる（36ページの③参照）。

② **「負傷者」が生じた事故**は、報告と同じく10人以上の場合。

③ **特定の積載物（危険なもの）が飛散・漏えいする事故**は、それのみでは**速報を要しない**。自動車の衝突・接触、転覆、転落、火災に基づくことが必要。

④ **酒気帯び運転を伴う事故のみで速報を要し、疾病や麻薬等に伴う事故は速報を要しない。**

──────────────────────────────────────┘

CHECK ☐ **3　事故の記録（安全規則第9条の2）**

　一般貨物自動車運送事業者等は、事業用自動車に係る事故が発生した場合には、次の事項を記録し、その記録を当該事業用自動車の運行を管理する営業所において 3 年間保存しなければならない。なお、この記録は事故の程度にかかわらず、単なる**物損**事故であっても**記録する**。

事故の記録の記載事項

①**乗務員等の氏名**

②事業用自動車の自動車登録番号その他の当該事業用自動車を識別できる表示

③事故の発生日時

④事故の発生場所

⑤事故の当事者（乗務員等を除く）の氏名

⑥事故の概要（損害の程度を含む）

⑦事故の原因

⑧再発防止対策

過去問にチャレンジ！

① 　事業用自動車が鉄道車両（軌道車両を含む。）と接触する事故を起こした場合には、当該事故のあった日から 30 日以内に、自動車事故報告規則に定める自動車事故報告書（以下「報告書」という。）3 通を当該事業用自動車の使用の本拠の位置を管轄する運輸支局長等を経由して、国土交通大臣に提出（以下「国土交通大臣に提出」という。）しなければならないものの、運輸支局長等への速報までは要しない。

答○ 　鉄道車両（軌道車両を含む）との接触事故は、30 日以内に報告を要する事故であるが、速報を要する事故ではない。なお、鉄道車両との接触後に、特定の積載物が飛散・漏えいした場合は、速報を要する。

② 　事業用自動車が転覆する事故を起こし、積載する灯油の一部が漏えいしても火災が生じなかった場合には、当該事故のあった日から 30 日以内に、報告書 3 通を国土交通大臣に提出しなければならないものの、運輸支局長等への速報までは要しない。

圏× 　事業用自動車が転覆し、積載する灯油の一部が漏えいした場合は、30 日以内に報告を要する事故であり、速報を要する事故でもある。実際に火災が生じたかどうかは、関係がない。

③ 　事業用自動車が歩行者 1 名に医師の治療を要する期間が 30 日の傷害を生じさせる事故を起こし、当該傷害が病院に入院することを要しないものである場合には、報告書を国土交通大臣に提出しなくてもよい。

圏○ 　傷害を生じたもので、報告を要する事故は、負傷者数が 10 人以上の場合か、重傷者を生じた事故である。そして、入院を要しない傷害は重傷者に含まれないため、国土交通大臣への報告書の提出は**不要**である。

④ 　事業用自動車の運転者に道路交通法に規定する救護義務違反があった場合には、当該違反があったことを事業者が知った日から 30 日以内に、報告書 3 通を国土交通大臣に提出しなければならない。

圏○ 　救護義務違反については、国土交通大臣への報告書の提出が必要である。

⑤ 　自動車事故に関する次の記述のうち、一般貨物自動車運送事業者が自動車事故報告規則に基づく国土交通大臣への報告を<u>要しないもの</u>を 1 つ選びなさい。なお、解答にあたっては、各選択肢に記載されている事項以外は考慮しないものとする。

1. 事業用自動車が走行中、運転者がハンドル操作を誤り、当該事業用自動車が道路から 0.6 メートル下の畑に転落した。
2. 事業用自動車が走行中、鉄道施設である高架橋の下を通過しようとしたところ、積載していた建設用機械の上部が橋桁に衝突した。この影響で、2 時間にわたり本線において鉄道車両の運転を休止させた。
3. 事業用自動車が走行中、アクセルを踏んでいるものの速度が徐々に落ち、しばらく走行したところでエンジンが停止して走行が不能となった。再度エンジンを始動させようとしたが、燃料装置の故障によりエンジンを再始動させることができず、運行ができなくなった。
4. 事業用自動車が交差点を通過するため進入したところ、交差する道路の左方から進入してきた原動機付自転車と出合い頭に衝突した。当該事故で原動機付自転車の運転者に 2 日間の入院及び 30 日間の医師の治療を要する傷害を生じさせた。

圏 2
　まず**選択肢 1** について、**自動車の転落**は、報告を要する事故である。
　次に**選択肢 2** について、橋桁に衝突し、**2 時間**にわたり本線において**鉄道車両の運転を休止**させた事故は、報告を要する事故ではない。鉄道車両の運転を 3 時間以上にわたって休止させる事故では報告を要する。

　そして**選択肢3**は、自動車装置の故障により、運転の継続ができなくなった事故なので、報告を要する事故である。
　最後の**選択肢4**は、原動機付自転車の運転者に入院と30日間以上の医師の治療を要する事故なので、重傷者に当たり、報告を要する事故である。

⑥　事業用自動車に係る事故が発生した場合に一般貨物自動車運送事業者が記録しなければならないとされている事故の記録については、死傷者を生じた事故の再発防止に活用するため、加害事故又は被害事故にかかわらず記録しなければならないが、物損事故については記録する必要はない。

圏×　物損事故について、事故の記録は必要である。

⑦　事業用自動車の前方を走行していた乗用車が信号が赤になり停車したが、後続の当該事業用自動車の運転者が止まった前車に気づくのが遅れたために追突し、この事故により当該乗用車に乗車していた4人及び当該事業用自動車の運転者が重傷を負った場合、一般貨物自動車運送事業者は自動車事故報告規則に基づき、運輸支局長等に速報することを要する。

圏〇　乗用車に乗車していた4人と事業用自動車の運転者が重傷を負っているため重傷者が5人生じており、速報を要する事故である。

⑧　事業用自動車の運転者がハンドル操作を誤り、当該自動車が車道と歩道の区別がない道路を逸脱し、当該道路との落差が0.3メートルの畑に転落した場合、一般貨物自動車運送事業者が自動車事故報告規則に基づく国土交通大臣への報告を要する。

圏×　報告を要する自動車の「転落」は、落差が0.5メートル以上のものである。

⑨　事業用自動車の運転者が運転操作を誤り、当該事業用自動車が道路の側壁に衝突した後、運転席側を下にして横転した状態で道路上に停車した。この事故で、当該運転者が10日間の医師の治療を要する傷害を負った場合、一般貨物自動車運送事業者が自動車事故報告規則に基づく国土交通大臣への報告を要する。

圏〇　報告を要する自動車の「転覆」は、自動車が道路上で路面35度以上の傾斜をしたものである。本問では運転席側が下になる横転をしており、90度の傾斜なので、報告を要する「転覆」に当たる。

ROAD 10　運行管理者の業務と権限

重要度

> **合格への道**　安全規則第20条で規定される「運行管理者の業務」は、まず間違いなく出題される重要項目だ。別項目を立てて解説するものもあるが、ここでは運行管理者の業務は何か…という視点で学習しよう。

CHECK
☐ **運行管理者の業務と権限（貨運法第22条、安全規則第20条）**

　貨運法第22条第1項では、**運行管理者は、誠実にその業務を行わなければならない**と規定したうえで、**第2項と第3項**において、一般貨物自動車運送**事業者は、運行管理者に対し、**法令で定める業務を行うために**必要な権限を与えなければならず**、また、**運行管理者がその業務として行う助言を尊重しなければならない**と規定している。

　さらに、事業用自動車の**運転者その他の従業員は、運行管理者がその業務として行う指導に従わなければならない**と規定している。

　運行管理者の助言や指導について、「事業者」は尊重、「運転者等」は従わなければならない、となっている点に注意しよう。

　そして、具体的な運行管理者の業務を規定するのが安全規則第20条である。本書の各項目で解説する内容は、基本的には**「事業者」の義務や業務**であるが、それらの規定を準用するような形で**「運行管理者」の義務や業務を規定して**いるのが安全規則第20条だ。数は多いが難しい話ではないので、次ページで紹介する各業務に目を通し、多めに紹介した過去問を利用して、**実際にどのような形で出題されているのかを確認**しながら、次ページの**主な業務の一覧と過去問を照らし合わせて確認**すると、**理解と記憶の定着が早いだろう。**

 ちょこっとアドバイス!!

次ページの「運行管理者の主な業務」において、赤字のない業務は、出題実績がないか、きわめて少ないものだ。なので、まずは赤字が入っている業務から押さえよう。なお、「主な」というのは、「貨物」試験に関係のない業務を省いていることなどに基づくので、ここで紹介する業務を押さえればよい。

運行管理者の主な業務（安全規則第 20 条）

①運転者（特定自動運行貨物運送を行う場合にあっては、特定自動運行保安員）として**選任された者以外の者**を事業用自動車の**運行の業務に従事**させない。

②乗務員等が**休憩・睡眠**のために利用できる**施設**を**適切**に**管理**する。

⇒事業者には、これに加えて「**保守**」の義務がある（29 ページ以降も参照）。

③事業者が作成した**勤務時間及び乗務時間の範囲内**において、**乗務割**を作成し、これに従い運転者を事業用自動車に乗務させる（30 ページも参照）。

④酒気を帯びた乗務員等を事業用自動車の**運行の業務に従事**させない。

⇒道交法施行令第 44 条の 3 では、呼気中のアルコール濃度 1 リットル当たり 0.15 ミリグラム以上の濃度で酒気帯びと規定しているが、**この数値未満**であっても、酒気帯びと検知されれば**運行の業務に従事**させてはならない。

⑤乗務員等の健康状態の把握に努め、疾病、疲労、睡眠不足その他の理由により安全に運行の業務を遂行し、又はその補助をすることができないおそれがある乗務員等を事業用自動車の**運行の業務に従事**させない。

⑥**長距離又は夜間の運転**に従事する場合で、疲労等により運転者が**安全な運転を継続できないおそれ**があるときは、あらかじめ、**当該運転者と交替するための運転者を配置**する。

⑦特定自動運行事業用自動車による運送を行おうとする場合にあっては、特定自動運行事業用自動車に特定自動運行保安員を乗務させ、若しくはこれと同等の措置を行い、又は遠隔からその業務を行わせる。

⑧**過積載**と**貨物の積載方法**について、従業員に対する**指導及び監督**を行う。

⑨**運転に関する遵守事項**について、運転者等に対する**指導及び監督**を行う。

⑩運転者等に対する**点呼等**を行う（詳細は 47 ページ以降も参照）。

⇒この規定より、日常点検の実施と確認に対する指導及び監督はよく出る。

⑪運転者等に業務記録を記録させ、その**記録を 1 年間保存**する（詳細は 57 ページも参照）。

⑫運行記録計を管理し、その**記録を 1 年間保存**する（詳細は 58 ページも参照）。

⑬運行記録計で記録できない事業用自動車を**運行の用に供さない**。

⑭事故の記録を記録し、その記録を **3 年間保存**する。

⑮運行指示書を作成し、及びその写しに変更の内容を記載し、運転者等に対し適切な指示を行い、運行指示書を事業用自動車の運転者等に携行させ、及び**変更の内容を記載**させ、並びに運行指示書及びその写しを運行の終了の日から **1 年間保存**する（詳細は 60 ページ以降も参照）。

⑯運転者等台帳を作成し、営業所に備え置く（詳細は 62 ページ以降も参照）。

⑰主な道路の状況、事業用自動車の**運行に関する状況**、その状況の下において事業用自動車の**運行の安全を確保するために必要な運転の技術**及び**法令に基づき自動車の運転に関して遵守すべき事項**（適切な消火器等の取扱いなど）について、乗務員等に対する適切な**指導及び監督**をする。これを行った者及び受けた者を記録し、その記録を営業所において **3 年間保存**する。

⑱**高齢運転者**や新たに**雇い入れた運転者**、**死者又は負傷者が生じた事故を引き起こした運転者**に国土交通大臣が告示で定め、認定した**適性診断**（高齢運転者に対するものは適齢診断、新たに雇い入れた者に対するものは初任診断ともいう）を**受けさせる**。

⇒なお、「適齢診断」の対象となる**高齢者は、65 歳以上の者**をいう。

⑲**異常気象**その他の理由により**輸送の安全の確保に支障を生ずるおそれ**があるときは、乗務員等に対する**適切な指示**その他輸送の安全を確保するために**必要な措置を講ずる**。

⑳**補助者に対する指導及び監督**を行う。

㉑**事故報告規則**の規定により定められた**事故防止対策**に基づき、事業用自動車の運行の安全の確保について、**従業員に対する指導及び監督**を行う。

⇒なお、従業員に対して、効果的・適切に指導及び監督を行うために**輸送の安全に関する基本的な方針を策定**するのは、**事業者の義務**である。

㉒一般貨物自動車運送**事業者等**に対して、事業用自動車の**運行の安全の確保**に関し必要な事項について**助言を行う**。

過去問にチャレンジ！

① 事業者は、運行管理者に対し、国土交通省令で定める業務を行うため必要な権限を与えなければならない。また、事業者及び事業用自動車の運転者その他の従業員は、運行管理者がその業務として行う助言又は指導があった場合は、これを尊重しなければならない。

㊻× 運行管理者が業務として行う助言又は指導について、運転者や従業員は従わなければならない。本問は「尊重」としている点で誤っている。なお、その他の部分は正しい。（42 ページ参照）。

② 一般貨物自動車運送事業者（以下「事業者」という。）は、運行管理者資格者証の交付を受けている者のうちから、運行管理者を選任し、当該運行管理者に対し事業用自動車の運行の安全の確保に関する業務を行うため必要な権限を与えなければならない。

答○　貨運法第 18 条、第 22 条のとおりである（19 ページ、42 ページ参照）。「運行の安全の確保に関する業務を行うため」という部分が気になる人もいるかもしれないが、運行の安全の確保は運行管理者の業務である。

③ 精密機械の運送依頼があり、精密機械運搬専用の大型トラックにより運送することとなった。運行管理者は、担当運転者に対して積荷と輸送の安全を考慮して運行する道路を指示したが、運転者は自分の判断で別の道路を通行した。

答×　事業用自動車の運転者その他の従業員は、運行管理者の業務として行う指導に従わなければならない。

④ 乗務員等が有効に利用することができるように、休憩に必要な施設を整備し、及び乗務員等に睡眠を与える必要がある場合にあっては睡眠に必要な施設を整備し、並びにこれらの施設を適切に管理し、及び保守することは、一般貨物自動車運送事業の運行管理者の行わなければならない業務である。

答×　休憩・睡眠施設の管理は運行管理者の業務だが、保守は運行管理者の業務ではない。保守は事業者の業務である。

⑤ 休憩又は睡眠のための時間及び勤務が終了した後の休息のための時間が十分に確保されるように、国土交通大臣が告示で定める基準に従って、運転者の勤務時間及び乗務時間を定め、当該運転者にこれらを遵守させることは、一般貨物自動車運送事業の運行管理者の行わなければならない業務である。

答×　事業者の作成した勤務時間及び乗務時間の範囲内において、乗務割を作成し、これに従い運転者を事業用自動車に乗務させることが運行管理者の業務である。

⑥ 運行管理者が業務前の点呼において、乗務員等の酒気帯びの有無を確認するためアルコール検知器（国土交通大臣が告示で定めたもの。以下同じ。）を使用し測定をした結果、アルコールを検出したが、道路交通法施行令第 44 条の 3（アルコールの程度）に規定する呼気中のアルコール濃度 1 リットル当たり 0.15 ミリグラム未満であったので、運行の業務に従事させた。

答×　運行管理者は、酒気を帯びた乗務員等を事業用自動車の運行の業務に従事させてはならない。そしてこれは、道路交通法施行令で規定されるアルコール濃度未満であっても同じである。

7 事業用自動車に備えられた非常信号用具及び消火器の取扱いについて、当該事業用自動車の乗務員等に対する適切な指導を行うことは、一般貨物自動車運送事業の運行管理者の行わなければならない業務である。

答〇 非常信号用具及び消火器の取扱いについては、法令に基づき自動車の運転に関して遵守すべき事項であり（44ページの⑰参照）、運行管理者の行わなければならない業務である。なお、「非常信号用具及び消火器の取扱い」という事例で出題されると、とまどうと思うが、繰り返し出題されている事例である。

8 運行管理者が業務前の点呼において、運転者等の健康状態等について顔色、動作、声等を確認したところ、普段の状態とは違っており、健康状態に問題があり安全な運転に支障があると感じた。本人から聞いたところ、「昨日から熱があるが、風邪薬を飲んでいるので安全な運転に支障はない。」との報告があった。当該運行管理者は、代わりとなる運転者等がいなかったこともあり、当該運転者を運行の業務に従事させた。

答✕ 運行管理者は、疾病、疲労、睡眠不足その他の理由により安全に運行の業務を遂行し、又はその補助をすることができないおそれがある乗務員等を事業用自動車の運行の業務に従事させてはならない。

9 事業用自動車に係る事故が発生した場合には、事故の発生日時等所定の事項を記録し、その記録を当該事業用自動車の運行を管理する営業所において3年間保存することは、一般貨物自動車運送事業の運行管理者の行わなければならない業務である。

答〇 安全規則第20条のとおりである（43ページの⑭参照）。

10 法令の規定により、運行指示書を作成し、及びその写しに変更の内容を記載し、運転者等に対し適切な指示を行い、運行指示書を事業用自動車の運転者等に携行させ、及び変更の内容を記載させ、並びに運行指示書及びその写しの保存をすることは、一般貨物自動車運送事業の運行管理者の行わなければならない業務である。

答〇 安全規則第20条のとおりである（43ページの⑮参照）。

11 異常気象その他の理由により輸送の安全の確保に支障を生ずるおそれがあるときは、乗務員等に対する適切な指示その他輸送の安全を確保するために必要な措置を講ずることは、一般貨物自動車運送事業の運行管理者の行わなければならない業務である。

答〇 安全規則第20条のとおりである（44ページの⑲参照）。

ROAD 11　点呼等

重要度 🚚★ 🚚★ 🚚★

> **合格への道**　点呼は、最重要項目の1つであり、まず間違いなく出題される。「実務上の知識及び能力」の分野でも出題され、あわせて2問以上出題されることも多いので、合格するために必ず押さえるべき項目だ。

CHECK ☐ **1　業務前の点呼（安全規則第7条第1項、第20条第1項第8号、安全規則の解釈及び運用第7条1.）**

（1）業務前点呼の原則と点呼事項

　貨物自動車運送**事業者**は、**事業用自動車の運行の業務に従事しよう（＝業務前）とする運転者等に対し、対面又は対面による点呼と同等の効果を有する**ものとして国土交通大臣が定める**方法**（運行上やむを得ない場合は電話その他の方法）により**点呼**を行い、次に掲げる事項について報告を求め、及び確認を行い、ならびに事業用自動車の**運行の安全を確保するために**必要な指示を与えなければならない。

　また、**この先も含めて、点呼に関する規定は**運行管理者にも準用されるため（安全規則第20条第1項第8号）、事業者のみならず、**運行管理者にも同様の義務**がある。

┌─ **業務前の点呼事項** ─────────────

①運転者に対しては、**酒気帯びの有無**（詳しくは53ページの「4」も参照）
②運転者に対しては、疾病、疲労、睡眠不足その他の理由により**安全な運転をすることができないおそれの有無**
③**車両法第47条の2第1項及び第2項**の規定による**日常点検整備**の実施又はその**確認**
④特定自動運行保安員に対しては、特定自動運行事業用自動車による運送を行うために必要な自動運行装置（車両法第41条第1項第20号に規定する自動運行装置をいう）の設定の状況に関する確認
➡ なお、**業務後の点呼でも確認すべき事項は、①のみ。**

前ページの③について、「日常」という点は重要だ。車両法で規定される点検には、「日常」点検と「定期」点検があり、この2つは異なる。「日常」点検は、1日1回又は必要に応じて行うもの、「定期」点検は、3ヵ月に1回、国土交通省令で定める基準によって行うものである。

そして、点呼は原則として、営業所において、対面又は対面による点呼と同等の効果を有する国土交通大臣が定める方法で行わねばならない。しかし、「運行上やむを得ない場合」は、電話等での点呼が認められるところ、いかなる場合に「運行上やむを得ない場合」とされるかがポイントとなる。

電話等での点呼が認められるか？

A　遠隔地で業務が開始・終了するため、当該運転者等の所属営業所において、対面で点呼が実施できない場合　　　　　➡ 認められる。

B　（運転者等のいる）車庫と営業所が離れている場合　➡ 認められない。

C　早朝・深夜等で、点呼執行者が営業所に出勤していない場合
　　　　　　　　　　　　　　　　　　　　　　　➡ 認められない。

D　交替運転者がいる場合で、出庫時から同乗する場合の交替時の交替運転者に対する点呼　　　　　　　　　　　➡ 認められない。

上記Aは、「安全規則の解釈及び運用」において、電話等での点呼の実施が認められる事例である。そして、上記Bでは認められないが、この場合、必要に応じて、他の運行管理者や補助者を車庫へ派遣することで、対面の点呼を実施できる。

なお、補助者を選任し、その営業所での点呼を行わせることはできる。しかし、その営業所での点呼の総回数の3分の2未満でなければならない。逆にいえば、運行管理者は、少なくともその営業所での点呼の総回数の3分の1以上を行わねばならない。

また、上記Cは、早朝・深夜等であっても、運行管理者等が出勤することで、対面の点呼を行わなければならない。そして、上記Dについて、長距離の運行による交替運転者がいて、出庫時から同乗する場合、その交替時に当該交替運転者に対して電話等で点呼をすることは認められず、出庫時に対面での

点呼を行う。

　なお、電話「その他の方法」とは、携帯電話や業務無線等、運転者等と直接に対話できるもので、電子メールやFAX等の一方的な方法は該当しない。

（2）IT点呼について

　輸送の安全の確保に関する取組みが優良であると認められる**同一事業者内の営業所（Gマーク営業所）**においては、「営業所間」「営業所と車庫間」「車庫と車庫間」において、対面による点呼と同等の効果を有するものとして、国土交通大臣が定めた機器による点呼（**IT点呼**）を行うことができる。

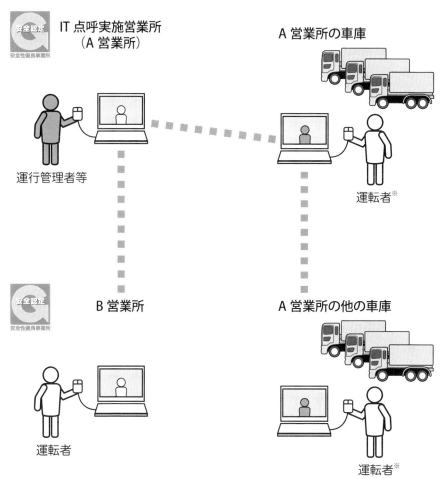

※車庫間のIT点呼において、どちらかが運行管理者となる。

また、**Gマーク営業所以外の一般貨物自動車運送事業者等の営業所**においても、**次のいずれの要件も満たす場合**、「当該営業所と当該営業所の車庫間」においては、IT点呼を行うことができる。

（Gマーク営業所以外でIT点呼が認められる要件）

①**開設されてから3年**を経過していること。

②**過去3年間**、所属する貨物自動車運送事業の用に供する事業用自動車の運転者が自らの責に帰する**事故報告規則第2条に規定する事故を発生させていない**こと。

③**過去3年間**、点呼の違反に係る**行政処分又は警告**を受けていないこと。

④地方貨物自動車運送適正化事業実施機関が行った直近の巡回指導において、総合評価が「D、E」以外であり、点呼の項目の判定が「適」であること、又は巡回指導時に総合評価が「D、E」若しくは点呼の項目の判定が「否」であったものの、3ヵ月以内に改善報告書が提出され、総合評価が「A、B、C」であり、点呼の項目の判定が「適」に改善が図られていること。

IT点呼を行うに際し、被IT点呼実施営業所の運行管理者等は、実施営業所において適切なIT点呼が実施できるよう、あらかじめ、点呼に必要な情報をIT点呼実施営業所の運行管理者等に**伝達**しておかねばならない。

そして、IT点呼の実施者は、運転者の所属する**営業所名**と運転者の**IT点呼実施場所**を確認する。

なお、IT点呼は、1営業日のうち連続する**16時間以内**に限り行うことができるが、**この時間制限は**、営業所間でのIT点呼ではなく、「**営業所と当該営業所の車庫**」及び「**営業所の車庫と当該営業所の他の車庫**」で行う場合には適用されない。

そして、IT点呼の実施後は、点呼の内容を記載する**点呼簿**に記録する内容を、**IT点呼実施営業所と被IT点呼実施営業所の双方で記録し、保存**することとなる。

ちょこっとアドバイス!!

「電話等での点呼」は、電話や無線機器等の声のみでの点呼をイメージすれ・・・
ばよい。そして、前ページの「IT 点呼」は、付属のカメラで運転者の酒気
帯びや疲労等の状況を確認でき、酒気帯びに関する測定結果も自動的に記
録・保存できるような機器を用いた点呼だ。

（3）遠隔点呼について

　事業者は、上記までの IT 点呼とは別に、遠隔点呼実施要領で定める要件を
満たす機器・システムを用い、運輸支局長等への申請を行って承認を受ける
ことで、**遠隔拠点間での「遠隔点呼」を行うことができる**。これは IT 点呼と
同じく、カメラやモニターなどの IT 機器を用いた点呼をイメージすればよい。

　IT 点呼と異なる点について、遠隔点呼は、令和 4 年 4 月 1 日より運用が開
始された制度であり、一定の要件を満たすことで、「**輸送の安全の確保に関す
る取組みが優良であると認められる営業所（G マーク営業所）」に限らず実施
できる**ものだ。その代わり、IT 点呼と比べて使用する機器やシステムの要件
が厳しい。営業所としては、IT 点呼と遠隔点呼のどちらがよいかを選択して
利用できる。

　要件を満たした「遠隔点呼」は、**対面による点呼が行われたもの**と取り扱
われ、この点呼の記録の保存期間は 1 年間である。

　また、前ページで触れたように、**IT 点呼は、1 営業日のうち連続する 16 時
間以内に制限**されているが、**遠隔点呼は 24 時間実施が可能**である。

　なお、令和 6 年 4 月 1 日より、53 ページで解説する中間点呼についても遠
隔点呼が行えるようになった。この点が試験範囲に含まれる令和 6 年度第 2
回試験からは注意すること。

　ポイント　遠隔点呼は、48 ページの遠隔地で業務が開始・終了する「運行上や
むを得ない場合」での「電話等での点呼」と区別しよう。
また、遠隔点呼については、突っ込んだ内容まで出題されていないので、概要を
把握していれば対応できるであろう。「IT 点呼」はいわゆる G マーク営業所にの
み認められる点呼だが、**「遠隔点呼」はすべての営業所に認められる反面、機器
やシステムなどの要件が厳しいものとイメージしていればよいであろう。**

2 業務後の点呼（安全規則第7条第2項、第20条第1項第8号）

　貨物自動車運送事業者は、事業用自動車の**運行の業務を終了した運転者等**に対し、対面又は対面による点呼と**同等の効果**を有する国土交通大臣が定める**方法**（運行上やむを得ない場合は電話その他の方法）により**点呼**を行い、当該業務に係る**事業用自動車、道路及び運行の状況**ならびに**他の運転者等と交替した場合**には、安全規則第3条の2第4項第4号又は第17条第4号で規定される**交替に関する**通告についての報告を求め、**運転者に対しては、酒気帯びの有無**について確認を行わなければならない。

　ただし、業務前の点呼と同様に、Gマーク営業所と一定の要件を満たした営業所（営業所・車庫間のみ）においては、対面による点呼と同等の効果を有するものとして、国土交通大臣が定めた機器による点呼（IT点呼）を行うことができる。

┌─ **業務後の点呼事項** ─────────────────────

①運転者に対しては、**酒気帯びの有無**（詳しくは次ページの「4」も参照）
②業務に係る**事業用自動車、道路及び運行の状況**
③他の運転者等と交替した場合には、**交替に関する**通告
➡ なお、**業務前の点呼**でも確認すべき事項は、**①のみ。**
　つまり、「**日常点検の実施又はその確認**」等は、含まれていない。

└────────────────────────────────

┌─ **ポイント** 〈「**業務前**」と「**業務後**」をしっかり分けて考える！〉
　　上記の点呼事項のように、点呼については「業務前」と「業務後」では"1文字"違いで事情が異なってくる。まずはここを意識すること。
└────────────────────────────────

　なお、令和5年1月より、**輸送の安全確保に関する取組みが優良だと判断された営業所、**かつ、比較的実現が容易である業務後の点呼に限り、AIロボットなどの「点呼支援機器」が運行管理者に代わって点呼を実施する**業務後自動点呼**が導入されている。これも**対面での点呼と同等の効果**が与えられる。出題可能性は低いがイメージは持っておこう。

CHECK □
3　中間点呼（安全規則第 7 条第 3 項、第 20 条第 1 項第 8 号）

　貨物自動車運送事業者は、**業務前と業務後のいずれも対面又は対面による点呼と同等の効果を有する国土交通大臣が定める方法で行うことができない**業務を行う運転者等に対しては、当該点呼のほか、当該業務の途中において少なくとも 1 回電話その他の方法により点呼（中間点呼）を行い、**運転者に対しては、酒気帯び及び疾病、疲労、睡眠不足その他の理由により安全な運転をすることができないおそれの有無**について報告を求め、確認を行い、事業用自動車の運行の安全を確保するために必要な指示を与えなければならない。

> 🚚 **ポイント**　〈要するに、いずれかで「電話等」での点呼を行う場合〉
> 　国土交通大臣が定めた機器を用いた IT 点呼は、対面の点呼と同等と認められる。結果、いずれも対面の点呼ができない（中間点呼を行うべき）場合とは、やむを得ない状況で、「電話等」での点呼を行ったケースのことである（48 ページ参照）。なお、中間点呼における点呼事項に日常点検の実施等は含まれない点は注意しよう。

CHECK □
4　点呼に使用するアルコール検知器（安全規則第 7 条第 4 項、第 20 条第 1 項第 8 号、安全規則の解釈及び運用第 7 条 2.）

　貨物自動車運送事業者は、アルコール検知器（呼気に含まれるアルコールを検知する機器で、国土交通大臣が告示で定めるもの）を営業所ごとに備え、常時有効に保持（正常に作動し、故障のない状態）しなければならない。

　なお、**アルコール検知器が有効に保持されているかの確認は、確実に酒気を帯びていない者が使用してアルコールを検知しないこと、洗口液等のアルコールを含む液体等を口内に噴霧**するなどして、**アルコールが検知されるか**といった方法で、定期的に故障の有無を確認する。

　そして、点呼において酒気帯びの有無を確認する場合は、**運転者の状態を目視等で確認**し、運転者の属する営業所に備えられたアルコール検知器を用いて行わなければならない。つまり、アルコール検知器を用いずに行う酒気帯びの有無の確認は、認められない。

　また、この営業所ごとに備える**アルコール検知器**は、営業所、営業所の車庫、又は営業所に属する**事業用自動車に設置されているもの**でなければならず、そうであるならば、携帯型アルコール検知器でもよい。

　ただし、電話その他の方法で点呼をする場合で、**同一事業者の他の営業所**

において乗務を終了する場合、**他営業所に備えられたアルコール検知器**（この場合、他営業所に常時設置され、**検査日時及び測定数値を自動的に記録できるものに限る**）を使用させ、**当該測定結果を電話等の方法により、所属する営業所の運行管理者等に報告**させたときは、「当該運転者の属する営業所に備えられたアルコール検知器」を用いたとみなされる。

　なお、**道交法施行令で定められている濃度未満であっても、アルコールが検知されれば、その運転者等を運行の業務に従事させてはならない。**

CHECK
□　**5　他営業所点呼（安全規則の解釈及び運用第 7 条 1.（7））**

　同一事業者内の G マーク営業所に所属する運転者が、同一事業者内の他の G マーク営業所の運行管理者等によって、対面による点呼を行う場合を他営業所点呼といい、いわゆる電話等による点呼に相当するものとして認められている。

CHECK
□　**6　点呼の記録と保存（安全規則第 7 条第 5 項）**

　貨物自動車運送事業者は、**業務前・業務後・中間点呼**を問わず、点呼を行ったときは、運転者等ごとに**点呼を行った旨、報告、確認及び指示の内容**ならびに**一定の事項を記録**し、かつ、**その記録を 1 年間保存**しなければならない。なお、記録と保存は書面でも電磁的方法でもよい。

───────────┤ 過去問にチャレンジ！ ├───────────

①　次の記述のうち、貨物自動車運送事業の事業用自動車の運転者等（以下「運転者等」という。）に対する業務終了後の点呼において、運行管理者が法令の定めにより実施しなければならない事項として正しいものをすべて選びなさい。

1. 「道路運送車両法第 47 条の 2 第 1 項及び第 2 項の規定による点検（日常点検）の実施又はその確認」について報告を求め、及び確認を行う。
2. 「酒気帯びの有無」について、運転者の状態を目視等で確認するほか、当該運転者の属する営業所に備えられたアルコール検知器（国土交通大臣が告示で定めるもの。）を用いて確認を行う。
3. 「運行中の疾病、疲労、睡眠不足その他の理由により安全な運転をすることができないおそれの有無」について報告を求め、確認を行う。
4. 運送依頼事項及び貨物の積載状況について報告を求め、及び確認を行う。
5. 「業務に係る事業用自動車、道路及び運行の状況」について報告を求める。
6. 点呼を受ける運転者等が他の運転者等と交替した場合にあっては、当該運転者

等が交替した運転者等に対して行った法令の規定による通告について報告を求める。

圏2　5　6　52ページの「2　業務後の点呼」を参照。点呼等の問題については、本問のように、冒頭の設問文で「業務終了後」の点呼と状況が限定されることがあるので注意すること。

② 貨物自動車運送事業の事業用自動車の運転者等に対する点呼に関する次の記述のうち、誤っているものを1つ選びなさい。

1. 貨物自動車運送事業者は、事業用自動車の運行の業務に従事しようとする運転者等に対して対面により、又は対面による点呼と同等の効果を有するものとして国土交通大臣が定める方法（運行上やむを得ない場合は電話その他の方法。）により点呼を行い、所定の事項について報告を求め、及び確認を行い、並びに事業用自動車の運行の安全を確保するために必要な指示を与えなければならない。

2. 業務前の点呼においては、道路運送車両法第47条の2第1項及び第2項の規定による点検（日常点検）の実施又はその確認について報告を求めなければならない。

3. 貨物自動車運送事業者は、事業用自動車の運行の業務を終了した運転者等に対して対面により、又は対面による点呼と同等の効果を有するものとして国土交通大臣が定める方法により点呼を行い、当該業務に係る事業用自動車、道路及び運行の状況について報告を求め、かつ、運転者に対しては酒気帯びの有無について確認を行わなければならない。この場合において、当該運転者等が他の運転者等と交替した場合にあっては、当該運転者等が交替した運転者等に対して行った安全規則第3条の2第4項第4号又は第17条第4号の規定による通告についても報告を求めなければならない。

4. 運転者が所属する営業所において、アルコール検知器（呼気に含まれるアルコールを検知する機器であって、国土交通大臣が告示で定めるものをいう。以下同じ。）により酒気帯びの有無について確認を行う場合には、当該営業所に備えられたアルコール検知器を用いて行わなければならないが、当該アルコール検知器が故障等により使用できない場合は、当該アルコール検知器と同等の性能を有したものであれば、当該営業所に備えられたものでなくてもこれを使用して確認することができる。

圏4　53ページの「4　点呼に使用するアルコール検知器」を参照。点呼において酒気帯びの有無を確認する場合、運転者の状態を目視等で確認し、運転者の属する**営業所に備えられた**アルコール検知器を用いて行わなければならない。同等の性能を有するものであっても、**営業所に備えられたもの**でなければ、有効な点呼と認められない。

③ 運行管理者が業務前の点呼において、運転者に対して酒気帯びの有無を確認しようとしたところ、営業所に設置されているアルコール検知器が停電により全て使用できなかったことから、当該運行管理者は、運転者に携帯させるために営業所に備えてある携帯型アルコール検知器を使用して酒気帯びの有無を確認した。

图○ 点呼で用いるアルコール検知器は、営業所やその車庫、営業所に属する事業用自動車に備え付けられたものでなければならない。そして、備え付けられたものであれば携帯型のアルコール検知器でもよい。備え付けられたものでなくても、有効な性能を有するアルコール検知器であれば、それで代用してもよいと思うかもしれないが、本当に有効な機能を有するものか担保できるものではない。

④ 貨物自動車運送事業輸送安全規則に定める同一の事業者内の「輸送の安全の確保に関する取組が優良であると認められる営業所」において、国土交通大臣が定めた機器を用い、営業所間で行う点呼（以下「IT 点呼」という。）の実施方法等に関する次の記述のうち、適切なものには「適」、適切でないものには「不適」を選びなさい。

1. IT 点呼を行う営業所（以下「A 営業所」という。）の運行管理者が、IT 点呼を受ける運転者等が所属する営業所（以下「B 営業所」という。）の運転者等に対し IT 点呼を実施する際は、当該運転者等の所属営業所名と IT 点呼場所の確認をしている。
2. A 営業所と B 営業所間で実施する IT 点呼については、1 営業日のうち深夜を含む連続する 18 時間以内としている。
3. IT 点呼を実施した場合、A 営業所の運行管理者は、IT 点呼実施後点呼記録表に記録するとともに、記録した内容を速やかに B 営業所の運行管理者へ通知しており、通知を受けた B 営業所の運行管理者は、通知のあった内容、A 営業所の名称及び IT 点呼実施者名を点呼記録表に記録し、双方の営業所において保存している。
4. IT 点呼を実施する場合、B 営業所の運行管理者は、A 営業所の運行管理者が適切な IT 点呼を実施できるよう、あらかじめ、IT 点呼に必要な情報を A 営業所の運行管理者に伝達している。

图 1：適　2：不適　3：適　4：適
　まず、**選択肢 1** については、記述のとおりである。
　次に、**選択肢 2** について、IT 点呼が許されるのは、1 営業日のうち深夜を含む連続する 16 時間以内である。
　そして、**選択肢 3** と**選択肢 4** については、記述のとおりである。

業務等の記録及び運行記録計

重要度
★★★

合格への道「業務等の記録」はほぼ毎回のように出題されており、「運行記録計」はおおよそ3回に1回くらいの頻度で出題されている。どちらにしても、無視するわけにはいかない項目である。

CHECK □ 1　業務等の記録（安全規則第8条、第20条第1項第9号）

　一般貨物自動車運送**事業者等**は、事業用自動車に係る運転者等の業務について、当該業務を行った**運転者等**ごとに次の事項を記録させ、かつ、その記録を1年間保存しなければならない。

業務等の記録の記載事項

①運転者等の氏名

②運転者等が従事した運行の業務に係る事業用自動車の**自動車登録番号**その他の当該事業用自動車を識別できる表示

③業務開始・終了の地点及び日時、主な経過地点及び業務に従事した距離

④業務を交替した場合には、その地点及び日時

⑤休憩又は睡眠をした場合には、その地点及び日時
⇒ 10分未満の休憩については、省略できる。

⑥車両総重量が8トン以上又は最大積載量が5トン以上の普通自動車である事業用自動車の運行の業務に従事した場合には、貨物の積載状況。また、荷主の都合により、30分以上待機したときは集貨地点等、集貨地点等への到着・出発日時、積込み・取卸しの開始・終了日時。集貨地点等で荷役作業等を実施した場合は、集貨地点等、荷役作業等の内容並びに開始及び終了の日時等
⇒ただし、荷主との契約書に実施した荷役作業等の全てが明記されている場合は、荷役作業等に要した時間が1時間以上である場合に限る。
⇒なお、「運行指示書」への記載によって、**これらの記載事項の記録を省略できるという規定はない。**

⑦道交法に規定する交通事故若しくは**事故報告規則に規定する事故**、又は**著しい運行の遅延**その他の異常な状態が発生した場合には、その概要及び原因　　　　　　　　　　　　　　　　　　　**➡ 物損事故でも記録する。**

⑧運行指示書を作成しなければならない場合で、それに基づく指示があった場合には、その内容

---

2 運行記録計（安全規則第9条、第20条第1項第10号）

　一般貨物自動車運送事業者等は、次の事業用自動車に係る運転者等の業務について、当該事業用自動車の瞬間速度、運行距離及び運行時間を**運行記録計により記録**し、かつ、その記録を**1年間保存**しなければならない。

```
┌─ 運行記録計による記録が必要な乗務 ─────────────────┐
```
①**車両総重量が7トン以上**又は**最大積載量が4トン以上の普通自動車**である事業用自動車
②**車両総重量が7トン以上**又は**最大積載量が4トン以上**の普通自動車である事業用自動車に該当する被けん引自動車をけん引する**けん引自動車**である事業用自動車
③特別積合せ貨物運送に係る運行系統に配置する事業用自動車

🚚**ポイント**　1で述べた**業務等の記録は、運行記録計による記録に代えることができる**。この場合、本来、業務等の記録として記録すべき事項のうち、運行記録計により記録された事項**以外**を、運転者等ごとに運行記録計による記録に付記させなければならない。

─────────────── **過去問にチャレンジ！** ───────────────

① 　一般貨物自動車運送事業者が運転者等に記録させる業務等の記録についての次の記述のうち、誤っているものを1つ選びなさい。

1. 業務を交替した場合にあっては、その地点及び日時を当該業務を行った運転者等ごとに記録させなければならない。
2. 休憩又は睡眠をした場合にあっては、その地点、日時及び休憩の方法を当該業務を行った運転者等ごとに記録させなければならない。
3. 車両総重量が8トン以上又は最大積載量が5トン以上の普通自動車である事業用自動車の運行の業務に従事した場合にあっては、貨物の積載状況を当該業務を行った運転者等ごとに記録させなければならない。
4. 業務の開始及び終了の地点及び日時並びに主な経過地点及び業務に従事した距離を当該業務を行った運転者等ごとに記録させなければならない。

🗎2　選択肢2について、**休憩の方法については、記録事項ではない。**

②　貨物自動車運送事業輸送安全規則の運行記録計による記録に関する次の文中、A・B・C・Dに入るべき字句の組合せとして、正しいものはどれか。

　一般貨物自動車運送事業者等は、次に掲げる事業用自動車に係る運転者等の業務について、当該事業用自動車の　A　、運行距離及び　B　を運行記録計により記録し、かつ、その記録を　C　保存しなければならない。

一　　D　が7トン以上又は最大積載量が4トン以上の普通自動車である事業用自動車
二　前号の事業用自動車に該当する被けん引自動車をけん引するけん引自動車である事業用自動車
三　前二号に掲げる事業用自動車のほか、特別積合せ貨物運送に係る運行系統に配置する事業用自動車

	A	B	C	D
1.	最高速度	運行時間	1年間	車両重量
2.	瞬間速度	待機時間	3年間	車両総重量
3.	最高速度	待機時間	3年間	車両重量
4.	瞬間速度	運行時間	1年間	車両総重量

答　4　前ページの「2　運行記録計」を参照。

③　一般貨物自動車運送事業者等（以下「事業者等」という。）の事業用自動車に係る運行記録計（道路運送車両の保安基準の規定に適合する運行記録計。以下同じ。）による記録についての次の記述のうち、誤っているものを1つ選びなさい。

1.　事業者等は、法令に定める事業用自動車に係る運転者等の業務について、当該事業用自動車の瞬間速度、運行距離及び運行時間を運行記録計により記録し、かつ、その記録を3年間保存しなければならない。
2.　事業者等は、車両総重量が7トン以上又は最大積載量が4トン以上の普通自動車である事業用自動車に係る運転者等の業務について、運行記録計による記録を行わなければならない。
3.　事業者等は、車両総重量が7トン以上又は最大積載量が4トン以上の普通自動車である事業用自動車に該当する被けん引自動車をけん引するけん引自動車である事業用自動車に係る運転者等の業務について、運行記録計による記録を行わなければならない。
4.　事業者等は、特別積合せ貨物運送に係る運行系統に配置する事業用自動車に係る運転者等の業務について、運行記録計による記録を行わなければならない。

答　1　選択肢1について、保存期間は1年間である（「2　運行記録計」参照）。

ROAD 13　運行指示書

重要度

合格への道　出題頻度は高くないが、頻出事項である点呼と関連するところなので、点呼と合わせて学習すると効果的である。

CHECK □ 1　運行指示書の作成（安全規則第9条の3第1項、第20条第1項第12号の2）

　一般貨物自動車運送事業者等は、業務前及び業務後の点呼のいずれも対面で行うことのできない業務を含む運行ごとに、所定の事項を記載した運行指示書を作成し、これに基づき運転者等に適切な指示を行うとともに、これを運転者等に携行（けいこう）させなければならない。

> **ポイント**　〈「いずれも」対面で行うことができないときに運行指示書〉
> 　運行指示書を作成しなければならないのは、業務前及び業務後の点呼を「いずれも」対面で行うことができない場合である。しっかり押さえておこう。

CHECK □ 2　内容の変更（同条第2項、第20条第1項第12号の2）

　一般貨物自動車運送事業者等は、運行指示書の作成を要する運行の途中、一定の事項について変更が生じた場合には、運行指示書の写しに当該**変更の内容を記載**し、運転者等に対し電話等により、適切な指示を行うとともに、**当該運転者等が携行**している運行指示書に**当該変更の内容を記載させなければ**ならない。この記載は省略できない点に注意しよう。

> **ポイント**　運行指示書の**内容**について**変更**が生じた場合には、運行管理者自らが変更内容を運行指示書の写しに記載するほか、**運転者等が携行**している運行指示書そのものにも、運転者等自ら記載させなければならない。

CHECK □ 3　運行の途中で必要となる場合（同条第3項、第20条第1項第12号の2）

　一般貨物自動車運送事業者等は、運行指示書の作成を要しない運行の途中、運転者等に業務前及び業務後の点呼のいずれも対面で行うことができない業

務を行わせることとなった場合には、**当該業務以後の運行**について、所定事項を記載した運行指示書を作成し、当該運転者等に対し電話等により、適切な指示を行わなければならない。

CHECK ☐　4　保存（同条第 4 項、第 20 条第 1 項第 12 号の 2）

　一般貨物自動車運送事業者等は、運行指示書及びその写しを運行の終了の日から 1 年間保存しなければならない。

 ポイント　運行指示書及びその写しの保存期間は、運行終了日から 1 年間である。「運行を計画した日」からではない。

────(過去問にチャレンジ！)────

① 　事業者は、業務前及び業務後の点呼のいずれも対面で行うことができない業務を含む運行ごとに、所定の事項を記載した運行指示書を作成し、これにより事業用自動車の運転者等に対し適切な指示を行うとともに、当該運行指示書に基づき運行している間は、これを当該事業用自動車の運行を管理する営業所に備え置かなければならない。

🖎× 　運行指示書に基づき運行している間、運行指示書は運転者等に携行させる。

② 　運行管理者は、運転者等に法令に基づく運行指示書を携行させ、運行させている途中において、自然災害により運行経路の変更を余儀なくされた。そこで当該運行管理者は、営業所に保管する当該運行指示書の写しにその変更した内容を記載するとともに、当該運転者等に対して電話等により変更の指示を行ったが、携行させている運行指示書については帰庫後提出させ、運行管理者自ら当該変更内容を記載のうえ保管し、運行の安全確保を図っている。

🖎× 　運転者等が携行していた運行指示書については、帰庫後に変更内容を運転者等に記載させなければならない。少しいじわるな問題だが、本問では運転者等が携行していた運行指示書について、運行管理者が自ら変更内容を記載しているため、誤っている。

③ 　事業者は、法令の規定により運行指示書を作成した場合には、当該運行指示書を、運行を計画した日から 1 年間保存しなければならない。

🖎× 　運行の「終了」した日から 1 年間保存する。

運転者等台帳

合格への道　運転者等台帳に関する問題は3回に1回くらいの頻度で出題されているが、問われるところは毎回ほぼ同じである。下記のポイントをしっかり押さえておけば試験対策としては十分であろう。

CHECK □　**1　運転者等台帳（安全規則第9条の5第1項、第20条第1項第13号）**

　一般貨物自動車運送事業者等は、運転者等ごとに、次の事項を記載した**運転者等台帳**を作成し、これを**当該運転者等の属する**営業所に備えて置かなければならない。

> **主な運転者等台帳の記載事項**
>
> ①作成番号及び作成年月日
>
> ②事業者の**氏名**又は**名称**
>
> ③運転者等の**氏名、生年月日及び住所**
>
> ④<ruby>雇入れ<rt>やといい</rt></ruby>の年月日及び運転者等に**選任された年月日**
>
> ⑤運転者に対しては、運転免許証の番号及び有効期限、運転免許の**年月日**及び種類ならびに運転免許に**条件**が付されている場合は、当該条件
>
> ⑥事故報告規則第2条に規定する事故（35～36ページ）を引き起こした場合は、その概要
>
> ⑦運転者等の**健康状態**
>
> ⑧運転者に対しては、**特別な指導の実施**及び**適性診断の受診の状況**

 〈「初めて乗務した年月日」は間違い〉
　記載事項の④については、「**事業用自動車に初めて乗務した年月日**」とする問題が何度も出題されている。「**運転者等に選任された年月日**」の誤りなので、注意しよう。

CHECK ☐ 2　退職等の記載（安全規則第9条の5第2項）

前ページの記載に加えて、運転者が転任、退職その他の理由により**運転者でなくなった場合**には、直ちに、当該運転者に係る**運転者等台帳**に運転者でなくなった**年月日及び理由**を記載し、これを**3年間保存**しなければならない。

> 🚚 **ポイント**　この場合の**運転者等台帳の保存期間は、3年間である**（事故の記録も同じ）。点呼の記録、運行指示書、業務等の記録の保存期間（1年間）と混同しないよう注意しよう。

ゴロ　大事（台帳・事故）な3年間の集大成！
この、**運転行事**（運行・点呼・業務）はいーね（1年）。

── 過去問にチャレンジ！ ──

① 運転者が転任、退職その他の理由により運転者でなくなった場合には、直ちに、当該運転者に係る運転者等台帳に運転者でなくなった年月日及び理由を記載し、これを1年間保存しなければならない。

答× この場合の運転者等台帳の保存期間は、3年間である。

② 一般貨物自動車運送事業者が作成する運転者等台帳の記載等に関する次の記述のうち、誤っているものはどれか。

1. 事業用自動車の業務従事経験の有無を記載しなければならない。
2. 運転者に対しては、運転免許証の番号及び有効期限、運転免許の年月日及び種類並びに運転免許に条件が付されている場合は、当該条件を記載しなければならない。
3. 事故を引き起こした場合は、その概要を記載しなければならない。
4. 運転者が転任、退職その他の理由により運転者でなくなった場合には、直ちに、当該運転者に係る運転者等台帳に運転者でなくなった年月日及び理由を記載し、これを3年間保存しなければならない。

答1 業務従事経験の有無は、記載事項ではない。

ROAD 15　従業員に対する指導及び監督

重要度

合格への道　従業員に対する指導及び監督は頻出事項である。特に、特別な指導及び適性診断はほぼ毎回問われており、要注意である。ポイントを中心にしっかり押さえておこう。

CHECK □
1　従業員に対する指導及び監督の原則（安全規則第10条第1項、第3項、第5項、第20条第1項第14号）

　貨物自動車運送事業者は、国土交通大臣が告示で定めるところにより、当該貨物自動車運送事業に係る主な道路の状況その他の事業用自動車の運行に関する状況、その状況の下において事業用自動車の運行の安全を確保するために必要な運転の技術及び法令に基づき自動車の運転に関して遵守すべき事項について、運転者に対する**適切な指導及び監督**をしなければならない。

　この場合においては、その日時、場所及び内容ならびに指導及び監督を行った者及び受けた者を記録し、かつ、その記録を営業所において3年間保存しなければならない。なお、貨物自動車運送事業者は、従業員に対し、効果的かつ**適切に指導及び監督を行う**ため、輸送の安全に関する基本的な方針の策定その他の国土交通大臣が告示で定める措置を講じなければならない。

CHECK □
2　特別な指導及び適性診断（安全規則第10条第2項、第20条第1項第14号の2、指導監督指針）

　一般貨物自動車運送事業者等は、国土交通大臣が告示で定めるところにより、**次の運転者**に対して、事業用自動車の運行の安全を確保するために遵守すべき事項について**特別な指導**を行い、**かつ**、国土交通大臣が告示で定める適性診断で国土交通大臣の認定を受けたものを受けさせなければならない。

■ 特別な指導及び適性診断の対象者 ■

・死者又は負傷者が生じた事故を引き起こした者（事故惹起運転者）
・運転者として常時選任するために新たに雇い入れた者で、当該事業者において初めてトラックに乗務する前3年間に運転者として常時選任されていない者（初任運転者）
・高齢者（65歳以上の者）

特別な指導の指導内容、実施時期、実施時間を対象者ごとに比較すると、次のようになる。なお、**初任運転者を新たに雇い入れた場合**、当該運転者について、自動車安全運転センター法に規定する**自動車安全運転センターが交付する無事故・無違反証明書又は運転記録証明書等**により、雇い入れる前の**事故歴を把握し**、事故惹起運転者に該当するか否かを確認する。そして、もし事故惹起運転者に該当し、特別な指導を受けていなければ、特別な指導を実施する。

■ 特別な指導の内容等 ■

	事故惹起運転者	初任運転者	高齢運転者
指導内容	トラックの運行の安全確保に関する法令の再確認など	一般的な指導及び監督の内容（67ページ参照）	適性診断の結果を踏まえ、個々の運転者の加齢に伴う身体機能の変化の程度に応じたトラックの安全な運転方法等について運転者が自ら考えるよう指導
実施時期	**原則** 当該交通事故を引き起こした後、再度トラックに乗務する前 **例外** やむを得ない事情がある場合は、再度乗務開始後1ヵ月以内（ただし、外部の専門的機関における指導講習を受講予定の場合は別）	**原則** 当該事業者において初めてトラックに乗務する前 **例外** やむを得ない事情がある場合は、乗務開始後1ヵ月以内	適性診断の結果が判明した後1ヵ月以内
実施時間	安全運転の実技を除く所定事項について、合計6時間以上実施	安全運転の実技を20時間以上、座学（実技以外）を15時間以上実施	特に定めなし

適性診断の対象者、受診時期を対象者ごとに比較すると、次のようになる。

■ 適性診断の対象者等 ■

	事故惹起運転者	初任運転者	高齢運転者
対象者 ※適性診断の内容が異なる。	①**死者又は重傷者**を生じた交通事故を引き起こし、かつ、当該事故前の**1年間**に交通事故を引き起こしたことがある（又はない※）者 ②**軽傷者**を生じた交通事故を引き起こし、かつ、当該事故前の**3年間**に交通事故を引き起こしたことがある者	運転者として常時選任するために新たに雇い入れた者であって、当該事業者において初めてトラックに乗務する前**3年間**に初任診断（初任運転者のための適性診断として国土交通大臣が認定したものをいう）を受診したことがない者	65歳に達した者
受診時期	**原則** 当該交通事故を引き起こした後、**再度トラックに乗務する前** **例外** やむを得ない事情がある場合には、**乗務開始後1ヵ月以内**	**原則** 当該事業者において**初めてトラックに乗務する前** **例外** やむを得ない事情がある場合には、**乗務開始後1ヵ月以内**	65歳に達した日以後1年以内（65歳以上の者を新たに運転者として選任した場合は、選任の日から1年以内）に1回、その後3年以内ごとに1回

 事故惹起運転者の適性診断の受診時期は、あくまでも「**事故を引き起こした後、再度トラックに乗務する前**」が原則なので、注意しよう。

^{CHECK}☐ **3 非常信号用具及び消火器の取扱いの指導（安全規則第10条第4項、第20条第1項第14号）**

　貨物自動車運送事業者は、事業用自動車に備えられた非常信号用具及び消火器の取扱いについて、当該事業用自動車の乗務員等に対する適切な指導をしなければならない。

CHECK □ 4　一般的な指導及び監督（指導監督指針第1章）

　ここまで述べてきた初任運転者等に対する「特別」な指導監督だけではなく、「一般的」な指導監督についての指針もある。この**一般的な指導監督の目的**は、トラック運転者には高度な能力が要求されるところ、貨物自動車運送**事業者**が、トラック運転者に対して、継続的かつ計画的に指導及び監督を行い、トラックの運行の安全を確保するために**必要な運転に関する技能及び知識等を習得させる**ことにある。

主な「一般的」な指導及び監督の内容

①トラックの車高、視野、死角、内輪差及び制動距離等が他の車両と異なることを確認させ、**トラックの構造上の特性**を把握する必要性を理解させる。

②偏荷重が生じないような**正しい貨物の積載方法**及び運搬中に荷崩れが生じないような貨物の固縛方法を指導する。

③**過積載がトラックの制動距離及び安定性等に与える影響を理解させる。**

④運搬する**危険物の性状を理解**させるとともに、**取扱い方法、積載方法及び運搬方法**について留意すべき事項を指導する。また、運搬中に危険物が飛散又は漏えいした際に安全を確保するためにとるべき方法を指導し、習得させる。

⑤**主な道路及び交通の状況**をあらかじめ把握させ、安全に通行できる経路として**あらかじめ設定した経路を通行するよう指導**する。

⑥適性診断の結果に基づき、運転者に自らの**運転行動の特性を自覚**させる。また、運転者のストレス等の心身の状態に配慮した適切な指導を行う。

⑦**過労や睡眠不足、飲酒等の生理的要因、慣れや運転技能への過信等の心理的要因**が交通事故を引き起こすおそれがあることを理解させ、疲労や眠気を感じたときは運転を中止し、休憩・睡眠をとるよう指導するとともに、飲酒運転、酒気帯び運転及び覚せい剤等の使用の禁止を徹底する。

⑧疾病が交通事故の要因となるおそれがあることを理解させ、定期的な健康診断の結果に基づいて生活習慣の改善を図るなど適切な心身の健康管理を行うことの重要性を理解させる。

---

① 一般貨物自動車運送事業者（以下「事業者」という。）の事業用自動車の運行の安全を確保するために、特定の運転者に対して行わなければならない国土交通省告示で定める特別な指導等に関する次の記述のうち、誤っているものを1つ選びなさい。

1. 事業者は、法令に基づき事業用自動車の運転者として常時選任するために新たに雇い入れた場合には、当該運転者について、自動車安全運転センター法に規定する自動車安全運転センターが交付する無事故・無違反証明書又は運転記録証明書等により、雇い入れる前の事故歴を把握し、事故惹起運転者に該当するか否かを確認する。
2. 事業者が行う事故惹起運転者に対する特別な指導については、やむを得ない事情がある場合及び外部の専門的機関における指導講習を受講する予定である場合を除き、当該交通事故を引き起こした後再度事業用自動車に乗務を開始した後1ヵ月以内に実施する。
3. 事業者は、事業用自動車の運転者として常時選任するために新たに雇い入れた者であって、当該事業者において初めて事業用自動車に乗務する前3年間に他の一般貨物自動車運送事業者又は特定貨物自動車運送事業者によって運転者として常時選任されたことがない者には、初任運転者を対象とする特別な指導についてやむを得ない事情がある場合を除き、当該事業者において初めて事業用自動車に乗務する前に実施する。
4. 事業者が行う初任運転者に対する特別な指導については、座学を15時間以上実施する。なお、安全運転の実技については、20時間以上実施する。

🖹2　事故惹起運転者に対する特別な指導は、当該交通事故を引き起こした後、再度事業用自動車に乗務を開始する「前」に実施する。なお、**選択肢1**については、指導監督指針第2章5（1）より正しい記述である。読んで理解しておけば、本試験現場でも対応できるであろう。

② 事業者は、適齢診断（高齢運転者のための適性診断として国土交通大臣が認定したもの。）を運転者が65才に達した日以後1年以内に1回受診させ、その後3年以内ごとに1回受診させること。

🖹○　66ページの「■適性診断の対象者等■」の「高齢運転者」欄を参照。

乗務員（運転者）の遵守事項

重要度

> **合格への道**　ここまでは「事業者」や「運行管理者」に対する義務の話が多かったが、ここでは乗務員（以下「運転者」とする）の遵守すべき事項を紹介する。2回に1回は出題されるテーマなので、押さえておきたい。

CHECK □ 1　運転者の遵守事項（安全規則第16条、第17条）

　貨物自動車運送事業者の**運転者は**、酒気を帯びた状態や、過積載をした事業用自動車に乗務しないことはもちろん、事業用自動車の乗務について、次に掲げる事項を遵守しなければならない。

運転者の遵守事項

①**酒気を帯びた状態**にあるときは、その旨を**事業者に申し出る**。

②**疾病、疲労、睡眠不足**その他の理由により**安全な運転をすることができないおそれ**があるときは、その旨を事業者に**申し出る**。

③車両法第47条の2第1項及び第2項の規定による**日常点検整備**を実施し、又はその確認をする。

④**点呼を受け**、事業者に点呼の規定による**報告**をする。

⑤**乗務を終了**して**他の運転者と交替**するときは、**交替する運転者に対し**、当該乗務に係る事業用自動車、道路及び運行状況の**通告**をする。

⑥他の運転者と**交替して乗務を開始**しようとするときは、他の運転者から⑤の通告を受け、当該事業用自動車の**制動装置、走行装置**その他の**重要な装置の機能**について点検をする。
⇒必ず点検を行う点に注意する。

⑦**業務等の記録**（57ページ参照）をする（一般貨物自動車運送事業者等の運転者に限る）。

⑧**運行指示書を乗務中携行**し、運行指示書の記載事項に**変更が生じた場合**には、携行している運行指示書に当該変更の内容を記載する（60ページ参照）。

⑨**踏切を通過**するときは、**変速装置を操作しない**。

---

⑩運行中に当該自動車の**重大な故障**を発見し、又は**重大な事故**が発生する おそれがあると認めたときは、**直ちに運行を中止**し、**事業者に報告**する。

2　踏切内での措置（安全規則第 16 条第 4 号等）

　乗務員（運転者や助手席などに乗車する従業員）は、**事業用自動車が故障 などにより踏切内で運行不能**となったときは、**速やかに列車に対し適切な防 護措置**をとらなければならない。措置の流れは、次のとおりである。

┌─**踏切内で運行不能となったときの措置**─┐

①警報機のある踏切では、警報機の柱などに取り付けられている**非常ボタ ン**を押す。

②非常ボタンがない踏切では、発炎筒等を用いて**列車に合図を送る**（発炎 筒等がない場合は、煙の出やすいものを燃やして列車に合図を送る）。

③可能であれば、**自動車を踏切の外に移動**させる。

3　大地震等の災害時の措置

　事業用自動車の運行中に大地震が発生するなど、大きな災害にみまわれた 場合、運転者は気がついた時点で自動車を路側帯等に停車させるなどして、 自らと周囲の運行の安全を確保すべきである。

　また、運転者は、当該自動車を置いて避難すべきと判断した場合、当該自 動車に**エンジンキーを付けたまま、ドアをロックせずに避難**する。他の者が 当該自動車を移動できないような状態で放置すると、他の者の避難の妨げと なったり、緊急車両が通行できなくなるおそれなどがあるからである。

　なお、**運行管理者には、輸送の安全を確保するための必要な措置を講じる 義務**がある以上、運転者から**災害により運転を中断している**との連絡があっ た場合、状況を見つつ**運転者の判断に任せるという指示を出してはならない**。

過去問にチャレンジ！

① 　次の記述のうち、貨物自動車運送事業者（以下「事業者」という。）の事業用自動車の運転者が遵守しなければならない事項として誤っているものを1つ選びなさい。

1.　運転者は、業務を開始しようとするとき、業務前及び業務後の点呼のいずれも対面（輸送の安全の確保に関する取組が優良であると認められる営業所において、点呼を行う場合にあっては、国土交通大臣が定めた機器による方法を含む。）で行うことができない乗務の途中及び乗務を終了したときは、法令に規定する点呼を受け、事業者に所定の事項について報告をすること。

2.　運転者は、酒気を帯びた状態にあるとき、又は疾病、疲労、睡眠不足その他の理由により安全な運転をすることができないおそれがあるときは、その旨を事業者に申し出ること。

3.　運転者は、乗務を終了して他の運転者と交替するときは、交替する運転者に対し、当該乗務に係る事業用自動車、道路及び運行の状況について通告すること。この場合において、交替して乗務する運転者は、当該通告を受け、当該事業用自動車の制動装置、走行装置その他の重要な装置の機能について点検の必要性があると認められる場合には、これを点検すること。

4.　一般貨物自動車運送事業者の運転者は、事業用自動車の運行の業務に従事したときは、運転者等が従事した運行の業務に係る事業用自動車の自動車登録番号その他の当該事業用自動車を識別できる表示、業務の開始及び終了の地点及び日時並びに主な経過地点及び業務に従事した距離等所定の事項を「業務等の記録」（法令に規定する運行記録計により記録する場合は除く。）に記録すること。

答3　交替して乗務する運転者は、通告を受け、当該事業用自動車の制動装置、走行装置その他の重要な装置の機能について、その必要性があるかどうかにかかわりなく、必ず点検する。

② 　運転者は、大型トラックで踏切を通過する際、後輪が脱輪して運行不能となり、踏切内で立ち往生してしまった。このため、当該運転者は、直ちに踏切支障報知装置の非常ボタンを押すとともに、発炎筒を使用して列車の運転士等に踏切内に当該トラックが立ち往生していることを知らせた。その後、当該トラックを踏切の外に移動させるための措置を講じた。

答○　踏切内で運行不能となったときの運転者がとるべき措置として正しい。

ROAD 17　その他の出題項目

重要度

 合格への道　「第1章　貨運法関係」の最後に、ここまで紹介できなかった話をまとめて紹介する。基本的には、どの話もたまに出題される程度なので、時間と余力があれば押さえておく…という程度で大丈夫だろう。

CHECK☐ 1　「名義の利用等の禁止」と「適正な取引の確保」（貨運法第27条、安全規則第9条の4）

　一般貨物自動車運送**事業者**は、その名義を他人に、一般貨物自動車運送事業又は特定貨物自動車運送事業のために**利用させてはならない**。

　そして、事業の貸渡しその他いかなる方法をもってするかを問わず、一般貨物自動車運送事業又は特定貨物自動車運送事業を他人に、その名において**経営させてはならない**。

　また、**事業者等は、荷主と密接に連絡・協力**して、適正な取引の確保に努めなければならない。運送条件が明確でない運送を引き受けてしまったり、運送の直前や開始以降の運送条件の変更、荷主の都合による集貨地点等における待機等によって、運転者の過労運転や過積載による運送等を防止するねらいがある。

CHECK☐ 2　自動車車庫の確保（安全規則第6条）

　貨物自動車運送事業者は、事業用自動車の保管の用に供する**自動車車庫を営業所に併設**しなければならない。ただし、**困難な場合**は、自動車車庫を営業所から**法令に規定する距離を超えない範囲**で設けることもできる。

CHECK☐ 3　点検基準の作成等（安全規則第3条の3）

　事業用自動車の点検整備については、車両法で規定されるところであるが（97ページ以降を参照）、貨物自動車運送事業者は、車両法の規定によるものとは別に、事業用自動車の点検整備について、事業用自動車の構造と装置、運行する道路の状況、走行距離その他事業用自動車の使用の条件を考慮して、定期に行う**点検の基準を作成し**、これに基づいて点検をし、必要な整備をすることが義務付けられる。この点検整備をしたときは、車両法第49条の規定に準じて、点検整備に関する記録簿に記載し、保存する。

CHECK
4　運行管理者に受けさせる講習（安全規則第23条、国土交通省告示第455号）

　一般貨物自動車運送事業者等は、特定の場合、国土交通大臣の告示の定めによって、運行管理者に次の講習を受けさせなければならない。

◆講習の種類と内容
・**基礎講習**…運行管理に必要な法令、業務等の**基礎的**な知識について
・**一般講習**…運行管理に必要な法令、業務等に関する**最新**の知識について
・**特別講習**…**事故**や輸送の安全に係る**法令違反の再発防止**について

◆基礎講習又は一般講習を受講すべきケースと時期
①運行管理者を**新たに選任**した場合。

　選任届出日の属する**年度**（やむを得ない理由がある場合は翌年度）。

　まだ基礎講習を受講していない者は、一般講習ではなく、基礎講習を受講。
②**死者又は重傷者が生じた事故**を引き起こした場合や、**貨運法第33条（許可の取消し等）による処分**（輸送の安全に係るものに限る）の原因となった**違反行為**をした場合（以下「事故等」とする）。

　事故等に係る営業所に属する運行管理者に、事故等があった日の属する**年度及び翌年度**（やむを得ない理由がある場合は、当該年度の翌年度及び翌々年度、既に当該年度に基礎講習又は一般講習を受講させた場合は、翌年度）。
③**上記①②**により、最後に基礎講習又は一般講習を受講させた日の属する年度の翌々年度以後2年ごと。

◆特別講習を受講すべきケースと時期（上記②の場合）
　事故等に係る営業所に属する運行管理者（当該営業所に複数の運行管理者が選任されている場合にあっては、統括運行管理者及び事故等について相当の責任を有する者として運輸監理部長又は運輸支局長が指定した運行管理者）に、事故等があった日（運輸監理部長又は運輸支局長の指定を受けた運行管理者にあっては、当該指定の日）から1年（やむを得ない理由がある場合は1年6ヵ月）以内に、できる限り速やかに受講させる。

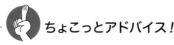 **ちょこっとアドバイス!!**

どのような場合に各講習の受講義務が生じるか、また、その受講時期はやややこしい。その上、ここは**ほとんど出題されない**ので、捨ててしまうのも手だ。この学習に時間をかけるよりも、まずは「事故の報告と速報」や「点呼等」といった超重要項目を完璧にするほうが、合格に近づけるはずだ。

── 過去問にチャレンジ！ ──

① 一般貨物自動車運送事業者は、その名義を他人に一般貨物自動車運送事業又は特定貨物自動車運送事業のため利用させてはならず、また、事業の貸渡しその他いかなる方法をもってするかを問わず、一般貨物自動車運送事業又は特定貨物自動車運送事業を他人にその名において経営させてはならない。

答○　貨運法第 27 条のとおりである。

② 貨物自動車運送事業者は、原則として、事業用自動車の保管の用に供する自動車車庫を営業所に併設しなければならない。

答○　安全規則第 6 条のとおりである。

③ 事業者は、運送条件が明確でない運送の引受け、運送の直前若しくは開始以降の運送条件の変更、荷主の都合による集貨地点等における待機又は運送契約によらない附帯業務の実施に起因する運転者の過労運転又は過積載による運送その他の輸送の安全を阻害する行為を防止するため、荷主と密接に連絡し、及び協力して、適正な取引の確保に努めなければならない。

答○　安全規則第 9 条の 4 のとおりである。

④ 事業者は、死者又は重傷者を生じた事故を引き起こした営業所の運行管理者に、当該事故後に受講する国土交通大臣の認定を受けた一般講習又は基礎講習の日から 1 年以内において、できる限り速やかに国土交通大臣の認定を受けた特別講習を受講させなければならない。

答×　特別講習は、事故等を引き起こした営業所の運行管理者に、事故等があった日（運輸監理部長又は運輸支局長の指定を受けた運行管理者にあっては、当該指定の日）から 1 年（やむを得ない理由がある場合は 1 年 6 ヵ月）以内に、できる限り速やかに受講させる。

第2章

車両法関係

ROAD 1　車両法の目的と自動車の種別

重要度

 「車両法の目的」は穴埋め問題で出題されるので、下で紹介する赤字部分はしっかり押さえておきたい。また、「自動車の種別」については、選択肢の1つとして出題されている。

CHECK □ 1　車両法の目的（車両法第1条）

車両法の目的は次のとおりである。

> **第1条**
> この法律は、道路運送車両に関し、所有権についての公証等を行い、並びに安全性の確保及び公害の防止その他の環境の保全並びに整備についての技術の向上を図り、併せて自動車の整備事業の健全な発達に資することにより、公共の福祉を増進することを目的とする。

> **ポイント**　特に注意したいのが「整備」というフレーズだ。過去にここを「製造」とするヒッカケ問題が出題されている。

CHECK □ 2　道路運送車両の定義（車両法第2条）

車両法は「道路運送車両」について、自動車、原動機付自転車及び軽車両と定義している。

> **ポイント**　〈道交法の車両と混同してはダメ！〉
> 　道交法が「車両」について、自動車、原動機付自転車、軽車両のほか、トロリーバスも含めていること（105ページ）と混同しないよう注意しよう。

CHECK □ 3　自動車の種別（車両法第3条）

車両法に規定する普通自動車、小型自動車、軽自動車、大型特殊自動車及び小型特殊自動車の別は、自動車の大きさ及び構造ならびに原動機の種類及び総排気量又は定格出力を基準として国土交通省令に定められている。

上記の「2　道路運送車両の定義」にも言えることだが、ここで意識しておきたいことは、「車両法」と「道交法」での車両や自動車の定義が異なる点だ。例えば、「道交法」では、大型自動車という区分があるが、「車両法」の世界

において、**大型自動車という自動車はない。**

　また、平成 29 年 3 月 12 日以降、「道交法」の世界では、準中型自動車（免許）という区分が新設されたが、「**車両法」における自動車の種別は、従来のままである。**なお、「貨運法」における自動車の種別も、基本的には「車両法」の種別を前提とするため、影響はない。

ポイント　車両法に規定されている自動車の種類は、①普通自動車、②小型自動車、③軽自動車、④大型特殊自動車、⑤小型特殊自動車の 5 種類である。**道交法での自動車の区分とは異なる**点は意識しておこう。

5種類　大型自動車はナイぞ！

過去問にチャレンジ！

① 道路運送車両法の目的についての次の文中、A、B、C、D に入るべき字句としていずれか正しいものを 1 つ選びなさい。

　この法律は、道路運送車両に関し、所有権についての ☐ A ☐ 等を行い、並びに ☐ B ☐ 及び公害の防止その他の環境の保全並びに整備についての ☐ C ☐ を図り、併せて自動車の ☐ D ☐ の健全な発達に資することにより、公共の福祉を増進することを目的とする。

A　1．公証　　　　　2．認証
B　1．耐久性の確保　　2．安全性の確保
C　1．知識の向上　　　2．技術の向上
D　1．運送事業　　　　2．整備事業

答 A：1　B：2　C：2　D：2　左ページの「1　車両法の目的」を参照。

② 道路運送車両法に規定する自動車の種別は、自動車の大きさ及び構造並びに原動機の種類及び総排気量又は定格出力を基準として定められ、その別は大型自動車、普通自動車、小型自動車、軽自動車、大型特殊自動車、小型特殊自動車である。

答× 車両法に規定されている自動車の種類のなかに、大型自動車は含まれない。

ROAD 2　登録

重要度 🚚🚚🚚

合格への道　登録は、毎回のように出題されている頻出項目である。出題される部分は、ほぼ決まっているので、ここで紹介する内容（特に赤字部分）を押さえていれば、試験でも対応できるはずだ。

CHECK □ 1　登録（車両法第4条等）

　自動車は、**自動車登録ファイルに登録**を受けたものでなければ、**運行の用に供してはならない。**

　したがって、未登録自動車を運行の用に供しようとする場合には、その所有者は国土交通大臣に対し、次の事項を記載した申請書に所定の書類を添えて提出し、かつ、当該自動車を提示して登録を受けなければならない（**新規登録**）。

　なお、この新規登録の申請は、新規検査の申請又は自動車予備検査証による自動車検査証の交付申請と同時にしなければならない。

```
┌─────────────────────┐
│ 新規登録申請書の記載事項 │
└─────────────────────┘
```

・車名及び型式
・車台番号（車台の型式についての表示を含む）
・原動機の型式
・所有者の氏名又は名称及び住所
・使用の本拠の位置
・取得の原因

```
┌──────────┐
│ 新規登録申請 │
└──────────┘
```

所有者 ＋ 同時に

```
┌──────────────────┐
│    新規検査申請    │
│（検査証交付申請）  │
└──────────────────┘
```

```
┌─────────────────────┐
│ 新規登録以外の主な登録 │
└─────────────────────┘
```

├①**変更登録**：次の事項について変更があった場合に行う
　・登録されている型式、車台番号、原動機の型式
　・所有者の氏名又は名称・住所
　・使用の本拠の位置
├②**移転登録**：新規登録を受けた自動車について、所有者の変更があった場合に行う
└③**永久抹消登録**：次の事由があった場合に行う
　・登録自動車の滅失、解体
　・登録自動車の用途の廃止
　・当該自動車の車台が当該自動車の新規登録の際、存したものでなくなったとき

この登録の話でよく出題されるのは、新規登録以外の登録についてである。特に**所有者の変更**があった場合は、**移転登録**が必要となり、**変更登録**ではない点に注意すること。また、**各申請者**は「（新）所有者」であり、**使用者ではない**ことも注意しておこう。

■ 登録の種類と内容 ■

登録の種類	申請者	申請時期
新規登録	自動車の所有者	未登録自動車を運行の用に供しようとするとき
変更登録	自動車の所有者	所定の事項について変更があった日から 15 日以内
移転登録	自動車の**新**所有者	自動車所有者の変更があった日から 15 日以内
永久抹消登録	自動車の所有者	登録自動車の用途の廃止等があった日から 15 日以内

> **ポイント**　〈" 数字もの " は要注意！〉
> 　運行管理者試験において " 数字 " が出てきたら要注意だ。新規登録以外の登録の申請時期は、変更等の事由があった日から「15 日以内」であることも注意しておこう。

CHECK
2　自動車登録番号標の表示（車両法第 19 条、同法施行規則第 7 条）

　自動車登録番号標とは、ナンバープレートのことである。自動車は、**自動車登録番号標を国土交通省令で定める位置に**、かつ、**被覆しないよう**、これに記載された**自動車登録番号**（車のナンバー）の識別に支障が生じないものとして国土交通省令で定める方法で表示しなければ、**運行の用に供してはならない**。この表示は、自動車の運行中自動車登録番号が判読できるように、自動車登録番号標を自動車の前面及び後面の見やすい位置に確実に取り付ける。

> **ポイント**　〈ナンバープレートは前後両面、見やすい位置！〉
> 　自動車登録番号標（ナンバープレート）は、自動車の前面だけでなく、後面にも取り付ける。また、**任意の（好きな）位置に取り付けてはならない**。

3　自動車登録番号標の封印等（車両法第 11 条）

　自動車の所有者は、自動車登録番号標（ナンバープレート）を自動車に取り付ける場合、**国土交通大臣又は封印取付受託者**の行う封印の取付けを受けなければならない。これは封印が**滅失**（失くなること）、**き損**した場合等も同じである。

封印とはココ！

自動車登録番号標
（ナンバープレート）

　そして、国土交通大臣若しくは封印取付受託者が**取付けをした封印**又はこれらの者が封印の取付けをした**自動車登録番号標は取り外してはならない。**ただし、**整備のため特に必要がある**ときや、その他の国土交通省令で定めるやむを得ない**事由に該当する**ときは、**この限りでない。**

4　自動車登録番号標の廃棄等（車両法第 20 条第 2 項）

　登録自動車の所有者は、当該自動車の使用者が自動車の使用の停止を命ぜられ、**自動車検査証を返納**したとき（車両法第 69 条第 2 項）は、遅滞なく、当該**自動車登録番号標及び封印を取り外し**、自動車登録番号標について国土交通大臣の**領置**を受けなければならない。

　なお、「領置」とは、任意に提出されたものなどを取得すること…というイメージをもっていればよい。

╭────────────┤ **過去問にチャレンジ！** ├────────────╮

① 　自動車登録番号標及びこれに記載された自動車登録番号の表示は、国土交通省令で定めるところにより、自動車登録番号標を自動車の前面（法令により前面の自動車登録番号標を省略することができる場合を除く。）及び後面の任意の位置に確実に取り付けることによって行うものとする。

答× 　自動車登録番号標は、自動車の前面及び後面に取り付けねばならないが、その位置は「任意」ではなく、見やすい位置に確実に取り付けることによって行う。

2　次の記述のうち、道路運送車両法に定める移転登録の事由として正しいものはどれか。

1.　登録自動車が滅失し、解体し（整備又は改造のために解体する場合を除く。）、又は自動車の用途を廃止したとき。
2.　登録自動車の自家用、事業用の別又は用途の変更があったとき。
3.　登録自動車の所有者の氏名若しくは名称若しくは住所又は使用の本拠の位置に変更があったとき。
4.　登録自動車について所有者の変更があったとき。

答4　移転登録は、新規登録を受けた自動車について、所有者の変更があったときに行われる。ちなみに、1. は永久抹消登録の事由、3. は変更登録の事由である。2. はどの登録にもあたらない。

3　登録自動車について所有者の変更があったときは、新所有者は、その事由があった日から 30 日以内に、国土交通大臣の行う移転登録の申請をしなければならない。

答×　「15 日以内」の誤りである。

4　登録自動車の使用者は、自動車の用途を廃止したときは、その事由があった日から 15 日以内に永久抹消登録の申請をしなければならない。

答×　申請者は、登録自動車の「所有者」である。

5　登録自動車の所有者は、当該自動車の使用者が道路運送車両法の規定により自動車の使用の停止を命ぜられ、同法の規定により自動車検査証を返納したときは、その事由があった日から 30 日以内に、当該自動車登録番号標及び封印を取りはずし、自動車登録番号標について国土交通大臣に届け出なければならない。

答×　届出ではなく、領置を受けなければならない。なお、自動車登録番号標及び封印の取り外しは「遅滞なく」行うものとされ、「その事由があった日から 30 日以内」とは規定されていない。

6　登録自動車の所有者は、当該自動車の自動車登録番号標の封印が滅失した場合には、国土交通大臣又は封印取付受託者の行う封印の取付けを受けなければならない。

答○　車両法第 11 条第 4 項のとおりである。

ROAD 3　臨時運行の許可

重要度

合格への道　3回に1回くらいの割合で出題されるテーマである。どのような要件で臨時運行ができるのか、臨時運行許可証等の返納期限はいつまでなのかをしっかり押さえておこう。

CHECK ☐ 1　臨時運行の許可（車両法第34条、第35条）

「ROAD 2　登録」でも述べたように、自動車は新規登録や自動車登録番号標の表示等をしなければ、原則として、運行の用に供してはならない。

ただし、臨時運行の許可を受けたときは、例外的に、臨時運行許可証に記載された目的及び経路に従って運行の用に供することができる。

臨時運行の許可は、次の場合に受けることができる。なお、**臨時運行許可の有効期間は、5日を超えてはならない。**

臨時運行の許可を受けられる場合

- 当該自動車の試運転を行うとき
- 新規登録、新規検査の申請をするために必要な提示のための回送を行うとき
- 自動車検査証が有効でない自動車についての継続検査その他の検査の申請をするために必要な提示のための回送を行うとき　―など

ゴロ　ゆう子！（有効期間）臨時運行の許可は、いつか（5日）ら？。

🚚**ポイント**　〈「臨時運行許可の有効期間」と「登録の申請時期」〉
　臨時運行の許可の有効期間は**5日**を超えてはならないが、79ページの各種「登録の申請時期」は**15日**以内である。セットでの出題もあるので混同しないようにしよう。

CHECK ☐ 2　臨時運行許可証等の返納（車両法第35条）

臨時運行の許可を受けた者は、その**有効期間が満了したときは、その日から5日以内に、**臨時運行許可証及び臨時運行許可番号標を行政庁に返納しなければならない。

> ポイント 〈返納期限いつから？〉
> 　臨時運行許可証等の返納期限は、有効期間の満了日から「5日以内」である点をしっかり押さえておこう。

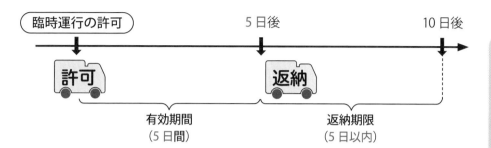

臨時運行の許可　　　　　　　　　5日後　　　　　　　　　10日後

許可　　　　　　　　　　返納

有効期間　　　　　　　　　　返納期限
（5日間）　　　　　　　　　　（5日以内）

CHECK ☐ 3　臨時運行許可番号標の表示（車両法第36条）

　臨時運行の許可に係る自動車は、国土交通省令で定める位置に、かつ、被覆しないよう、臨時運行許可番号標及びこれに記載された番号の識別に支障が生じないよう国土交通省令で定める方法で表示し、かつ、臨時運行許可証を備え付けなければ、これを運行の用に供してはならない。

━━━（ 過去問にチャレンジ！ ）━━━

① 　臨時運行の許可を受けた自動車を運行の用に供する場合には、臨時運行許可番号標を国土交通省令で定める位置に、かつ、被覆しないことその他当該臨時運行許可番号標に記載された番号の識別に支障が生じないものとして国土交通省令で定める方法により表示し、かつ、臨時運行許可証を備え付けなければならない。また、当該臨時運行許可証の有効期間が満了したときは、その日から15日以内に、当該臨時運行許可証及び臨時運行許可番号標を行政庁に返納しなければならない。

答× 　本問の前半部分は正しい。しかし、後半部分について、「5日」以内に返納しなければならない。

② 　臨時運行の許可を受けた者は、臨時運行許可証の有効期間が満了したときは、その日から15日以内に、当該臨時運行許可証及び臨時運行許可番号標を行政庁に返納しなければならない。

答× 　「15日以内」ではなく、「5日」以内に返納する。

ROAD 4 　自動車検査証

重要度

> **合格への道**　自動車検査証もよく出題される重要項目である。特に、保安基準適合標章を表示している場合は自動車検査証の備付け等をしなくても自動車を運行の用に供することができるという点は、押さえておこう。

CHECK ☐ 1　自動車の検査及び自動車検査証（車両法第58条、第66条、第94条の5）

　自動車を**運行の用**に供するためには、原則として、次の要件を満たすことが必要である。

> **自動車を運行の用に供するための要件（原則）**
>
> ①国土交通大臣の行う**検査**を受け、**有効な自動車検査証の交付**を受けていること。
> ②当該**自動車**に**自動車検査証を備え付け**、かつ、**検査標章を表示する**（自動車の前面ガラスの内側に前方かつ運転者席から見やすい位置に貼り付ける）こと。
> ⇒自動車検査証は、自動車の所属する営業所に備え付ける必要まではない。

　自動車検査証とは、いわゆる車検証のことであり、**検査標章**とは、その自動車が車検に通っていることを証明し、**車検の有効期限の満了する時期を表示する自動車に貼るステッカー**のことと考えればよい。**自動車検査証は当該自動車に備え置き**、**検査標章は当該自動車の前面ガラスに表示**していないと、その自動車を運行の用に供することができない。

　ただし、**指定自動車整備事業者（いわゆる民間車検場）が交付**した有効な**保安基準適合標章を自動車に表示**しているときは、上記②の自動車検査証の交付・備付けや検査標章の表示を行わなくても、例外的に当該自動車を運行の用に供することができる。

　なお、国土交通大臣の行う検査を受け、**有効な自動車検査証の交付を受けている自動車**について、自動車又はその部分の改造、装置の取付け又は取り外しその他これらに類する行為であって、**当該自動車が道路運送車両の保安基準に適合しないこととなるものを行ってはならない**。

> **［ポイント］** 〈**検査の種類は 5 種類！**〉
> 　検査には**新規検査**（車両法第 59 条）、**継続検査**（同法第 62 条）、**臨時検査**（同法第 63 条）、**構造等変更検査**（同法第 67 条）、**予備検査**（同法第 71 条）の **5 種類**がある。

CHECK □　2　検査標章（車両法第 66 条第 3 項、第 5 項）

　前ページで述べたように、**検査標章**には、国土交通省令で定めるところにより、その交付の際の**自動車検査証の有効期間の満了する時期**が表示される。

（表）

自動車検査証の有効
期間の満了する日
4 年 1 月 1 日

（裏）

　また、**検査標章**は、**自動車検査証が効力を失ったとき**、又は**継続検査、臨時検査、構造等変更検査の結果、自動車検査証の返付を受けることができないとき**は、当該自動車に表示してはならない。

　なお、「自動車検査証の返付を受けることができない」とは、車検を受ける場合、自動車検査証を国土交通大臣に提出する。そして、国土交通大臣は検査の結果、当該自動車が保安基準に適合すると認めるときは、検査証に有効期間を記録して、自動車の使用者に返付し、適合しないと認めるときは、当該検査証を使用者に返付しないのだ。

CHECK □　3　自動車検査証の有効期間（車両法第 61 条、同法施行規則第 44 条）

　貨物自動車運送事業用自動車の場合、**自動車検査証の有効期間**は原則として 1 年である。

　ただし、**初めて自動車検査証の交付を受ける**車両総重量 8 トン未満の貨物自動車運送事業用自動車については、検査証の**有効期間**は 2 年である。

　また、**自動車検査証の有効期間の起算日**（有効期間のカウントをはじめる日）

は、次のとおりである。ちなみに、**検査標章に記載**するのは、**当該自動車検**
査証の有効期間の満了時期である。混同しないようにしよう。

■ 自動車検査証の有効期間の起算日 ■

> **原則** 自動車検査証を交付する日又は当該自動車検査証に係る有効期間を
> 車両法第72条第1項の規定により記録する日。
>
> **例外** 自動車検査証の有効期間が満了する日の1ヵ月前（使用の本拠の位
> 置が離島の場合は除く）から当該期間が満了する日までの間に継続検査を
> 行い、当該自動車検査証に係る有効期間を車両法第72条第1項の規定によ
> り記録する場合
> ➡当該自動車検査証の有効期間が満了する日の翌日。

CHECK ☐ ### 4　継続検査（車両法第61条の2、第62条）

　登録自動車等の**使用者**は、自動車検査証の有効期間の**満了後も当該自動車**
を使用しようとするとき、原則として**当該自動車を提示**し、国土交通大臣の
行う継続検査を受けなければならない（いわゆる車検の更新）。この場合、当
該自動車車検証を国土交通大臣に提出し、下の車両法第67条による変更記録
の申請をする事由がある場合、あらかじめ、**その申請を行う**必要がある。

　ただし、一定の地域に使用の本拠の位置を有する自動車の使用者が、天災
その他やむを得ない事由により、継続検査を受けることができないと認める
ときは、国土交通大臣は、当該地域に使用の本拠の位置を有する自動車の自
動車検査証の**有効期間を、期間を定めて伸長する旨**を公示することができる。

CHECK ☐ ### 5　自動車検査証記録事項の変更（車両法第67条）

　自動車の**使用者**は、**自動車検査証記録事項について変更**（具体的には、自
動車の長さ、幅又は高さなど）があったときは、**その事由があった日から15**
日以内に、当該**変更について、国土交通大臣が行う自動車検査証**の変更記録
を受けなければならない。

　なお、この記録事項の変更によって、自動車が保安基準に適合しなくなる
おそれがある場合、国土交通大臣は当該自動車が保安基準に適合するかどう
かについて、**構造等変更検査を受けるべきことを命じなければならない。**

CHECK
☐ **6　自動車検査証の再交付と返納（車両法第 70 条、第 69 条）**

　自動車の使用者は、**自動車検査証が滅失し、き損し、又はその識別が困難**となった場合その他国土交通省令で定める場合には、その**再交付を受ける**ことができる。

　また、自動車の使用者は、**当該自動車が滅失、解体**（整備又は改造のために解体する場合を除く）、自動車の**用途を廃止**したときなどの事由があったときは、**その事由があった日**（自動車の解体の場合は、解体報告記録がなされたことを知った日）から 15 日以内に、当該**自動車検査証を国土交通大臣に返納しなければならない。**

━━━━━(過去問にチャレンジ！)━━━━━

① 　指定自動車整備事業者が交付した有効な保安基準適合標章を自動車に表示している場合であっても、当該自動車に自動車検査証を備え付けなければ、これを運行の用に供してはならない。

㊇× 　有効な保安基準適合標章を自動車に表示している場合、自動車検査証を備え付けなくても、当該自動車を運行の用に供することができる。

② 　初めて自動車検査証の交付を受ける車両総重量 7,990 キログラムの貨物の運送の用に供する自動車については、当該自動車検査証の有効期間は 1 年である。

㊇× 　自動車検査証の有効期間は原則として 1 年だが、初めて自動車検査証の交付を受ける車両総重量 8 トン未満の貨物自動車運送事業用自動車については、2 年とされている。

③ 　国土交通大臣は、一定の地域に使用の本拠の位置を有する自動車の使用者が、天災その他やむを得ない事由により、継続検査を受けることができないと認めるときは、当該地域に使用の本拠の位置を有する自動車の自動車検査証の有効期間を、期間を定めて伸長する旨を公示することができる。

㊇○ 　車両法第 61 条の 2 第 1 項のとおりである。

④ 　自動車に表示されている検査標章には、当該自動車の自動車検査証の有効期間の起算日が表示されている。

㊇× 　検査標章には、当該自動車の自動車検査証の有効期間の満了時期が表示されている（車両法第 66 条第 3 項）。

4
自動車検査証

第2章　車両法関係

ROAD 5　保安基準

重要度

合格への道 保安基準については、ほぼ毎回出題されている。保安基準自体は、多くの規定があるが、よく出題される項目は限られている。ここで紹介する内容は押さえておこう。

CHECK
☐ **1　保安基準の原則（車両法第46条）**

自動車の構造及び装置等に関する保安上又は公害防止その他の環境保全上の技術基準を保安基準という。

保安基準は、道路運送車両の構造及び装置が運行に十分堪え、操縦その他の使用のための作業に安全であるとともに、通行人その他に危害を与えないことを確保するものでなければならず、かつ、これにより製作者又は使用者に対し、自動車の製作又は使用について不当な制限を課することとなるものであってはならない。

─────────────《過去問にチャレンジ！》─────────────

道路運送車両法第46条に定める「保安基準の原則」に関する次の文中、A、B、C、Dに入るべき字句の組合せとして、正しいものはどれか。

　自動車の構造及び自動車の装置等に関する　A　又は公害防止その他の環境保全上の技術基準（「保安基準」という。）は、道路運送車両の構造及び装置が　B　に十分堪え、操縦その他の使用のための作業に　C　であるとともに、通行人その他に　D　を与えないことを確保するものでなければならず、かつ、これにより製作者又は使用者に対し、自動車の製作又は使用について不当な制限を課することとなるものであってはならない。

	A	B	C	D
1.	整備上	運行	容易	危害
2.	保安上	衝撃	容易	不利益
3.	整備上	衝撃	安全	不利益
4.	保安上	運行	安全	危害

答 4　上記の車両法第46条参照。

CHECK □ 2　長さ、幅及び高さ（車両法第 40 条、保安基準第 2 条）

　自動車は、その構造が、長さ、幅、高さ、車両総重量（車両重量、最大積載量及び 55 キログラムに乗車定員を乗じて得た重量の総和をいう）など、車両法に定める事項について、**保安基準に適合するものでなければ、運行の用に供してはならない。**

- 長さ
  → 12 メートルまで（セミトレーラにあっては、連結装置中心から当該セミトレーラの後端までの水平距離）
  ※セミトレーラのうち、告示で定める一定のものについては 13 メートルまで可能。

- 幅
  → 2.5 メートルまで

- 高さ
  → 3.8 メートルまで

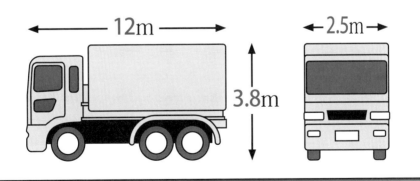

母（幅）はにっこり（2.5 メートル）、散髪（3.8 メートル）で、長さもいーね（長さ 12 メートル）。

CHECK □ **3　軸重（保安基準第 4 条の 2）**

　1 本の車軸にかかる重さを軸重というが、自動車の軸重は 10 トン（けん引自動車のうち告示で定めるものは 11.5 トン）を超えてはならない。

　また、1 つの車輪にかかる重さを輪荷重というが、自動車の輪荷重は特別な自動車を除き 5 トンを超えてはならない。

CHECK □ **4　速度抑制装置（保安基準第 8 条）**

　貨物の運送の用に供する普通自動車で、車両総重量が 8 トン以上又は最大積載量が 5 トン以上のものの原動機には、自動車が時速 90 キロメートルを超えて走行しないよう燃料の供給を調整し、かつ、自動車の速度の制御を円滑に行うことができる速度抑制装置を備えなければならない。

抑制（速度抑制装置）されてた、
ハト（8 トン以上）が GO（5 トン以上）！　90 キロ！

 ポイント　速度抑制装置はよく出題される。速度抑制装置は、貨物トラックの速度を時速「90 キロメートル」まで抑制するものでなければならない。

車両総重量 8 t 以上又は
最大積載量 5 t 以上

90 km/h

CHECK □ **5　走行装置等（保安基準第 9 条、細目告示第 89 条）**

　自動車（二輪自動車等を除く）の空気入ゴムタイヤの接地部は、滑り止めを施したものであり、滑り止めの溝は、空気入ゴムタイヤの接地部の全幅にわたり滑り止めのために施されている凹部（サイピング、プラットフォーム及びウエア・インジケータの部分を除く）のいずれの部分においても 1.6 ミリメートル以上の深さを有するものでなければならない。

CHECK □ **6　車枠及び車体（保安基準第 18 条）**

　大型特殊自動車及び小型特殊自動車を除いて、車体の外形その他自動車の形状は、鋭い突起がないこと、回転部分が突出していないことなど、他の交

通の安全を妨げるおそれのないものとして、告示で定める基準に適合するものでなければならない。

　また、自動車の車体の後面には、**最大積載量**（タンク自動車では、**最大積載量、最大積載容積及び積載物品名**）を表示しなければならない。

CHECK □ 7　物品積載装置（保安基準第 27 条）

　自動車の荷台その他の物品積載装置は、堅ろうで、かつ、安全、確実に物品を積載できるものとして、強度、構造等に関し告示で定める基準に適合するものでなければならない。

CHECK □ 8　巻込防止装置等（保安基準第 18 条の 2）

　貨物の運送の用に供する普通自動車及び車両総重量が 8 トン以上の普通自動車（乗車定員 11 人以上の自動車及びその形状が乗車定員 11 人以上の自動車の形状に類する自動車を除く）の両側面には、**堅ろうであり、かつ、歩行者、自転車の乗車人員等**が当該自動車の**後車輪へ巻き込まれることを有効に防止**することができるものとして、強度、形状等に関し告示で定める基準に適合する**巻込防止装置を備えなければならない**。

　ただし、歩行者、自転車の乗車人員等が当該自動車の後車輪へ巻き込まれるおそれの少ない構造を有するものとして告示で定める構造の自動車は、この限りでない。

CHECK □ 9　窓ガラス（保安基準第 29 条、細目告示第 195 条）

　自動車の**前面ガラス及び側面ガラスにフィルム**を貼り付ける場合、フィルムが貼り付けられた状態において、次の 2 つの基準を満たすものでなければならない。

> **窓ガラスに貼り付けるフィルムの基準**
>
> ①**透明であること**
> ②運転者が交通状況を確認するために必要な視野の範囲に係る部分における**可視光線の透過率が 70% 以上であること**

　また、自動車の窓ガラスには、保安基準第 29 条に規定されたもの（整備命令標章、検査標章、保安基準適合標章など）以外のものが装着され、貼り付

けられ、塗装され、又は刻印されていてはならない。

CHECK □ 10 後部反射器（保安基準第 38 条、細目告示第 210 条）

　自動車の後面には、夜間にその後方 150 メートルの距離から走行用前照灯で照射した場合に、その反射光を照射位置から確認できる赤色の後部反射器を備えなければならない。

CHECK □ 11 大型後部反射器（保安基準第 38 条の 2）

　貨物の運送の用に供する普通自動車であって、車両総重量が 7 トン以上のものの後面には、反射光の色、明るさ、反射部の形状等に関し告示で定める基準に適合する後部反射器及び大型後部反射器を備えなければならない。

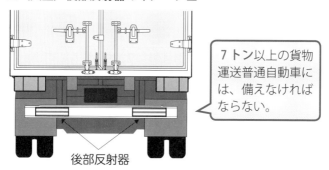

■（大型）後部反射器のイメージ■

7トン以上の貨物運送普通自動車には、備えなければならない。

後部反射器

CHECK □ 12 方向指示器の点滅周期（保安基準第 41 条、細目告示第 137 条）

　方向指示器とは、いわゆるウインカーのことである。この点滅周期については、毎分 60 回以上 120 回以下の一定周期で点滅するものであることが必要とされる。

CHECK □ 13 警音器（保安基準第 43 条、細目告示第 141 条）

　自動車（被けん引自動車を除く）には、警報音発生装置の音が連続するものであり、かつ、音の大きさ及び音色が一定なものである警音器を備えなければならない。

CHECK □ 14　緊急事態発生時の非常点滅表示灯（保安基準第 41 条の 3、細目告示第 217 条）

　非常点滅表示灯とは、いわゆるハザードランプのことである。非常点滅表示灯の点滅回数等についても告示で定められた基準のものでなければならないが、**盗難、車内における事故その他の緊急事態が発生していることを表示するための灯火として作動**する場合、点滅回数の基準に適合しない構造とすることができる。

CHECK □ 15　非常信号用具（保安基準第 43 条の 2、細目告示第 64 条）

　自動車には、非常時に灯光を発することにより他の交通に警告することができ、かつ、安全な運行を妨げないものとして、**非常信号用具を備えなけれ**ばならない。この非常信号用具は、**夜間 200 メートルの距離から確認できる赤色の灯光を発するもの（自発光式）**でなければならない。

　非常（非常信号）時に、赤いやかん（赤色の灯光、夜間）を 200（200 メートル）個準備！

CHECK □ 16　停止表示器材（保安基準第 43 条の 4、細目告示第 222 条）

　自動車に備える停止表示器材は、けい光及び反射光により他の交通に当該自動車が停止していることを表示することができるものとして、形状、けい光及び反射光の明るさ、色等に関し告示で定める基準に適合するものでなければならず、**夜間 200 メートルの距離から走行用前照灯で照射した場合に、その反射光を照射位置から確認できる**ものである必要がある。

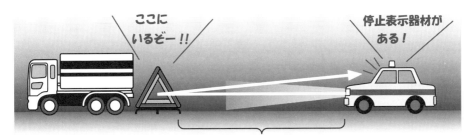

ここに
いるぞー！！

停止表示器材が
ある！

夜間 200 メートルの距離から、
確認できるものであること

17　後写鏡（保安基準第 44 条、細目告示第 146 条）

　自動車（被けん引自動車を除く）には、**後写鏡**を備えなければならない。ただし、運転者の視野、乗車人員等の保護に係る性能等に関し告示で定める基準に適合する後方等確認装置**を備える自動車**（二輪自動車、側車付二輪自動車、三輪自動車、カタピラ及びそりを有する軽自動車、大型特殊自動車、小型特殊自動車、被けん引自動車等を除く）は、**後写鏡を備える必要はない。**

　後写鏡は、取付部付近の自動車の最外側より**突出している部分の最下部が**地上 1.8 メートル以下のものは、当該部分が**歩行者等に接触した場合に衝撃を****緩衝できる構造**でなければならない。

18　消火器（保安基準第 47 条）

　被けん引自動車を除いて、**火薬類**（省令に掲げる数量以下のものを除く）**を運送する自動車**、指定数量以上の高圧ガス（可燃性ガス及び酸素に限る）**を運送する自動車**、危険物の規制に関する政令に掲げる指定数量以上の危険**物を運送する自動車**などには、消火器を備えなければならない。

19　運行記録計（保安基準第 48 条の 2）

　貨物の運送の用に供する普通自動車であって、車両総重量が 8 トン以上又は最大積載量が 5 トン以上のものには、**運行記録計**を備えなければならない。

　また、**運行記録計**は、24 時間以上の継続した時間内における当該自動車の瞬間速度及び 2 時刻間の走行距離を自動的に記録することができるものでなければならない。

 ちょこっとアドバイス!!

58 ページで述べた「**安全規則**」による規定では、普通自動車である事業用自動車は、**車両総重量が 7 トン以上**、**最大積載量が 4 トン以上**である場合に、**運行記録計**により記録が必要となる要件となる。しかし、上記のように「**保安基準**」においては**要件が異なっている**。そこで、**運行記録計による記録が必要となる要件**については、出題分野によって、
「**貨運送関係**」→「**車両総重量が 7 トン以上又は最大積載量が 4 トン以上**」
「**車両法関係**」→「**車両総重量が 8 トン以上又は最大積載量が 5 トン以上**」
と分けて考えておかねばならない。

CHECK ☐ 20　道路維持作業用自動車（保安基準第 49 条の 2、細目告示第 232 条）

　道路維持作業用自動車とは、路面清掃車等の道路の維持、修繕、道路標示を設置するための必要な装置を有する自動車である。

　この道路維持作業用自動車は、自らが道路維持作業用自動車であることを他に示すことができるものとして、告示で定める基準に適合する灯火を車体の上部の見やすい位置に備えなければならないが、**黄色で点滅式の灯火を備えることができるのは、この道路維持作業用自動車のみである。**

👆 ちょこっとアドバイス!!

問題文において、この**道路維持作業用自動車**以外の車両について、「**黄色で点滅式の灯火を備えなければならない**」とある場合は、その時点で誤りとなる。**黄色で点滅式の灯火を備えることができるのは、この道路維持作業用自動車のみだからだ。**

　なお、保安基準第 1 条では、**消防自動車、警察自動車、**保存血液を販売する医薬品販売業者が**保存血液の緊急輸送**のため使用する自動車、**救急自動車、公共用応急作業自動車等の自動車**及び国土交通大臣が定める**その他の緊急の用に供する自動車**を「緊急自動車」と定義している。

過去問にチャレンジ！

① 　自動車は、告示で定める方法により測定した場合において、長さ（セミトレーラにあっては、連結装置中心から当該セミトレーラの後端までの水平距離）12 メートル、幅 2.5 メートル、高さ 3.8 メートルを超えてはならない。

答○　保安基準第 2 条のとおりである。

② 　貨物の運送の用に供する普通自動車であって、車両総重量が 8 トン以上又は最大積載量が 5 トン以上のものの原動機には、自動車が時速 100 キロメートルを超え

て走行しないよう燃料の供給を調整し、かつ、自動車の速度の制御を円滑に行うことができるものとして、告示で定める基準に適合する速度抑制装置を備えなければならない。

答✕　「時速 100 キロメートル」ではなく、「時速 90 キロメートル」である。

③　自動車の前面ガラス及び側面ガラス（告示で定める部分を除く。）は、フィルムが貼り付けられた場合、当該フィルムが貼り付けられた状態においても、透明であり、かつ、運転者が交通状況を確認するために必要な視野の範囲に係る部分における可視光線の透過率が 70%以上であることが確保できるものでなければならない。

答○　細目告示第 195 条のとおりである。

④　停止表示器材は、夜間 200 メートルの距離から走行用前照灯で照射した場合にその反射光を照射位置から確認できるものであることなど告示で定める基準に適合するものでなければならない。

答○　保安基準第 43 条の 4 などのとおりである。

⑤　貨物の運送の用に供する普通自動車であって、車両総重量が 7 トン以上のものの後面には、所定の後部反射器を備えるほか、反射光の色、明るさ等に関し告示で定める基準に適合する大型後部反射器を備えなければならない。

答○　保安基準第 38 条の 2 のとおりである。

⑥　自動車に備えなければならない非常信号用具は、夜間 100 メートルの距離から確認できる赤色の灯光を発するものでなければならない。

答✕　非常信号用具の認識距離は、夜間「200 メートル」である。

⑦　貨物の運送の用に供する普通自動車であって、車両総重量が 9,000 キログラムで最大積載量が 4,250 キログラムの自動車には、道路運送車両の保安基準に適合する運行記録計を備えなければならない。

答○　運行記録計を備えなければならない貨物トラックの要件は、「最大積載量 5 トン以上」又は「車両総重量 8 トン以上」である。本問は「車両総重量 8 トン以上」の要件を満たすので、正しい。

ROAD 6　点検・整備

重要度

合格への道　点検・整備は重要項目の 1 つであり、特に近年では穴埋め問題として出題されることが多い。そこで、ここで紹介する赤字部分はすべて答えられるようにしておきたい。

CHECK □　1　使用者の点検及び整備の義務（車両法第 47 条）

自動車の使用者は、自動車の点検をし、及び必要に応じ整備をすることにより、当該自動車を保安基準に適合するように維持しなければならない。

本条は、点検整備の原則的な規定である。下記の「日常点検整備」でも同じような規定があるが、「日常点検整備」は 1 日 1 回の点検等が義務付けられているところ、本条は特に点検整備の実施時期を規定していない。

つまり、本条では使用者に対し、常に「保安基準に適合するように維持」しておくべき義務を規定している。

CHECK □　2　日常点検整備（車両法第 47 条の 2）

事業用自動車の使用者又はその自動車を運行する者は、1 日 1 回、その運行の開始前に、灯火装置の点灯、制動装置の作動その他の日常的に点検すべき事項について、目視等により点検しなければならない。

点検の結果、当該自動車が保安基準に適合しなくなるおそれがある状態又は適合しない状態にあるときは、使用者は、保安基準に適合しなくなるおそれをなくするため、又は保安基準に適合させるために当該自動車について必要な整備をしなければならない。

ポイント　〈穴埋め問題での出題が多数！〉
日常点検整備については近年、穴埋め問題が多数でている。上記の赤字部分はしっかり押さえておこう！

次に、日常点検について、**具体的に何を点検すべきか**という点については、自動車点検基準という省令により定められており、ここも出題される。次ページに点検箇所の一覧表があるが、まずは学習のポイントを紹介しよう。

> 具体的な点検箇所のポイント

◆日常点検の点検箇所には、原則どおり、1日1回点検すべきものと、走行距離や運行時の状態等から**適切な時期に点検を行えばよいもの**がある。

◆そこで、まずは**適切な時期に点検を行えばよいもの**を覚える。

> 覚え方のポイント

①ブレーキについて、**適切な時期でよいものはない。**
②タイヤについては、溝の深さが十分であることのみ、**適切な時期でよい。**
③バッテリの点検箇所は、液量が適当であることのみ、**適切な時期でよい。**
④原動機については、すべて**適切な時期でよい。**
⑤灯火装置及び方向指示器について、**適切な時期でよいものはない。**

 ちょこっとアドバイス!!

このような覚え方をするのは、試験では「**適切な時期に点検を行えばよいとされているもの**」はどれか？…という形で**出題**されることが多いためだ。ただし、将来的には別の形で出題される可能性もあることから、次ページでは、参考までにすべての事項を表にまとめておく。なお、「ウインド・ウォッシャ及びワイパー」については、あまり出題されていないので、余力があれば覚える程度でよいだろう。

■ 日常点検における点検箇所及び内容 ■

点検箇所	点検内容
ブレーキ	・ブレーキ・ペダルの踏みしろが適当で、ブレーキの効きが十分であること ・ブレーキの液量が適当であること ・空気圧力の上がり具合が不良でないこと ・ブレーキ・ペダルを踏み込んで放した場合にブレーキ・バルブからの排気音が正常であること ・駐車ブレーキ・レバーの引きしろが適当であること
タイヤ	・タイヤの空気圧が適当であること ・亀裂及び損傷がないこと ・異状な摩耗がないこと ・（＊1）溝の深さが十分であること ・（＊2）ディスク・ホイールの取付状態が不良でないこと
バッテリ	・（＊1）液量が適当であること
原動機	・（＊1）冷却水の量が適当であること ・（＊1）ファン・ベルトの張り具合が適当であり、かつ、ファン・ベルトに損傷がないこと ・（＊1）エンジン・オイルの量が適当であること ・（＊1）原動機のかかり具合が不良でなく、かつ、異音がないこと ・（＊1）低速及び加速の状態が適当であること
灯火装置及び方向指示器	・点灯又は点滅具合が不良でなく、かつ、汚れ及び損傷がないこと
ウインド・ウォッシャ及びワイパー	・（＊1）ウインド・ウォッシャの液量が適当であり、かつ、噴射状態が不良でないこと ・（＊1）ワイパーの払拭状態が不良でないこと
エア・タンク	・エア・タンクに凝水がないこと
運行において異状が認められた箇所	・当該箇所に異状がないこと

（＊1）は、当該自動車の走行距離、運行時の状態等から判断した**適切な時期**に行うことで足りる。

（＊2）は、車両総重量8トン以上又は乗車定員30人以上の自動車に限る。

6
点検・整備

3　定期点検整備（車両法第48条、自動車点検基準別表第3）

　自動車運送事業の用に供する自動車の**使用者**は、3ヵ月ごとに、国土交通省令で定める技術上の基準により、自動車を点検しなければならない。

　点検の結果、当該自動車が保安基準に適合しなくなるおそれがある状態又は適合しない状態にあるときは、使用者は、保安基準に適合しなくなるおそれをなくするため、又は保安基準に適合させるために当該自動車について必要な整備をしなければならない。

　なお、定期点検の点検内容についてまで出題されることはほぼないが、過去の出題例としては、**車両総重量8トン以上又は乗車定員30人以上の自動車**について、**スペアタイヤの取付状態**等がある。その他、気になる受験生は自動車点検基準の別表第3に規定されているので、試験前に一読しておこう。

4　点検整備記録簿（車両法第49条）

　自動車の**使用者**は、**点検整備記録簿を当該自動車に備え置か**なければならない。また、使用者は、当該自動車について定期点検整備をしたときは、遅滞なく、点検整備記録簿に点検の結果、整備の概要等所定の事項を記載し、これを記載した日から**1年間保存**しなければならない。

5　整備管理者の選任（車両法第50条、第52条、同法施行規則第32条）

　自動車の**使用者**は、**車両総重量8トン以上の自動車**その他の国土交通省令で定める台数以上のものの使用の本拠ごとに、自動車の点検・整備に関する実務の経験その他について国土交通省令で定める一定の要件を備える者のうちから、**整備管理者を選任**しなければならない。

　また、その職務の執行に必要な権限を与えなければならないが、ここで重要なことは、**点検の結果、運行の可否を決定**するのは整備管理者であるということである。なお、この定めにより整備管理者を選任しなければならない者を、「**大型自動車使用者等**」という。

　そして、大型自動車使用者等は、整備管理者を選任したときは、その日から**15日以内**に、地方運輸局長にその旨を届け出なければならない。これを変更したときも同様である。

CHECK □ 6　整備管理者の解任命令（車両法第 53 条）

地方運輸局長は、整備管理者が車両法若しくは同法に基づく命令又はこれらに基づく処分に違反したときは、大型自動車使用者等に対し、整備管理者の解任を命ずることができる。

CHECK □ 7　整備命令等（車両法第 54 条）

地方運輸局長は、**自動車が保安基準に適合しなくなるおそれがある状態又は適合しない状態にあるとき**（車両法第 54 条の 2 第 1 項に規定される下記の使用停止命令の場合を除く）は、当該自動車の**使用者**に対し、保安基準に適合しなくなるおそれをなくするため、又は**保安基準に適合させるために必要な整備を行うべきことを命ずる**ことができる。

この場合において、地方運輸局長は、保安基準に適合しない状態にある当該自動車の使用者に対し、当該自動車が保安基準に適合するに至るまでの間の運行に関し、当該自動車の使用の方法又は経路の制限その他の保安上又は公害防止その他の環境保全上必要な指示をすることができる。

さらに、自動車の使用者が上記の命令等に従わない場合で、**当該自動車が保安基準に適合しない状態にあるときは、当該自動車の使用を停止**することができる。

🚚 **ポイント**　〈まれに穴埋め問題での出題あり〉
上記の整備命令等については、まれに穴埋め問題が出題されることがある。頻出項目ではないので、他の項目の学習が終わった後、余力があれば赤字部分を押さえておきたい。

（ 過去問にチャレンジ！ ）

① 道路運送車両法に定める自動車の日常点検整備についての次の文中、A、B、C、D に入るべき字句としていずれか正しいものを 1 つ選びなさい。

自動車運送事業の用に供する自動車の　 A 　又はこれを運行する者は、1 日 1 回、その運行の開始前において、国土交通省令で定める技術上の基準により、灯火装置の点灯、 B 　の作動その他の日常的に点検すべき事項について、目視等により自動車を点検しなければならない。
自動車の　 A 　は、点検の結果、 C 　状態にあるときは、 D 　ために当該自動車について必要な整備をしなければならない。

A 1. 所有者　　　　　　　　2. 使用者
B 1. かじ取り装置　　　　　2. 制動装置
C 1. 当該自動車が保安基準に適合しなくなるおそれがある状態又は適合しない
　　2. 当該自動車が保安基準に適合しない
D 1. 保安基準に適合しなくなるおそれをなくするため、又は保安基準に適合させる
　　2. 保安基準に適合させる

🖝A：2　B：2　C：1　D：1　97ページの車両法第47条の2を参照。

② 事業用自動車の日常点検基準についての次の記述のうち、走行距離、運行時の状態等から判断した適切な時期に点検を行えばよいとされているものを2つ選びなさい。

1. タイヤに亀裂及び損傷がないこと。
2. バッテリの液量が適当であること。
3. 原動機のファン・ベルトの張り具合が適当であり、かつ、ファン・ベルトに損傷がないこと。
4. ブレーキ・ペダルの踏みしろが適当で、ブレーキの効きが十分であること。

🖝2と3　99ページの「■日常点検における点検箇所及び内容■」を参照。

③ 自動車の点検整備等に関する次のア、イ、ウ、エの文中、A、B、C、Dに入るべき字句としていずれか正しいものを1つ選びなさい。（設問文アとイ、選択肢AとBは省略）

ウ. 自動車運送事業の用に供する自動車の使用者は、　C　ごとに国土交通省令で定める技術上の基準により、自動車を点検しなければならない。
エ. 自動車運送事業の用に供する自動車の日常点検の結果に基づく運行可否の決定は、自動車の使用者より与えられた権限に基づき、　D　が行わなければならない。

C 1. 3ヵ月　　　　　　　　2. 6ヵ月
D 1. 運行管理者　　　　　　2. 整備管理者

🖝C：1　D：2　選択肢ウは100ページの車両法第48条（「3　定期点検整備」）、選択肢エは100ページの同法施行規則第32条（「5　整備管理者の選任」）を参照。

第3章

道交法関係

ROAD 1 # 道交法の目的と用語の意義

重要度

 合格への道　定義に関する問題は、以前はよく出題されていたが、近年は選択肢の1つとしての出題が多い。重要度は低下しているが、念のため、赤字部分は押さえておこう。

CHECK □ 1　道交法の目的（道交法第1条）

道交法は、道路における**危険を防止**し、その他交通の安全と円滑を図り、及び道路の交通に起因する障害の防止に資することを目的とする。

CHECK □ 2　主な用語の定義（道交法第2条）

道交法第2条では、さまざまな用語の定義が定められている。ここでは、その中でもよく出題されている用語の定義を挙げる。

①歩道

歩行者の通行の用に供するため縁石線（えんせきせん）、又は柵（さく）、その他これに類する工作物によって区画された道路の部分

ポイント　〈歩道と路側帯（ろそくたい）の違いは？〉

歩道と路側帯の違いに注意。どちらも、歩行者の通行の用に供するために設けられているものだが、**歩道と車道**は、縁石線や柵で区切られているのに対し、**路側帯と車道**は、白線などの道路表示で区切られているにすぎない。

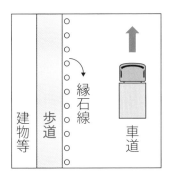

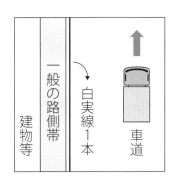

②車道

車両の通行の用に供するため縁石線、若しくは柵、その他これに類する工作物又は道路標示によって区画された道路の部分

③路側帯

歩行者の通行の用に供し、又は車道の効用を保つため、歩道の設けられていない道路又は道路の歩道の設けられていない側の路端寄りに設けられた帯状の道路の部分で、道路標示によって区画されたもの

ポイント　〈「車道」と「本線車道」の違いに注意〉

「車道」に似たものとして、「本線車道」というものもある。「本線車道」とは、高速自動車国道（いわゆる高速道路）又は自動車専用道路の車道のことだ。

〈路側帯は、歩行者のためのもの〉

路側帯は、あくまでも歩行者の通行の用に供するために設けられているもので、自転車の通行の用に供することは予定されていない。

もっとも、自転車も著しく歩行者の通行を妨げることとならない場合には、路側帯（歩行者専用路側帯を除く）を通行することができる。

---

④交差点

十字路、丁字路その他2以上の道路が交わる場合における当該2以上の道路（歩道と車道の区別のある道路においては、車道）の交わる部分

⑤車両通行帯

車両が道路の定められた部分を通行すべきことが道路標示により示されている場合における当該道路標示により示されている道路の部分

⑥車両

自動車、原動機付自転車、軽車両及びトロリーバスのこと

ポイント　〈車両法の車両と混同してはダメ！〉

車両法の「車両」については、自動車、原動機付自転車、軽車両の3つしかないこと（76ページ）と混同しないよう注意しよう。

---

⑦自動車

　原動機を用い、かつ、レール又は架線によらないで運転し、又は特定自動運行を行う車であって、原動機付自転車、軽車両、移動用小型車、身体障害者用の車及び遠隔操作型小型車ならびに歩行補助車、乳母車その他の歩きながら用いる小型の車で政令で定めるもの（歩行補助車等）以外のもの

⑧軽車両

　自転車、荷車その他人若しくは動物の力により、又は他の車両に牽引され、かつ、レールによらないで運転する車及び原動機を用い、かつ、レール又は架線によらないで運転する車であって、車体の大きさ及び構造を勘案して内閣府令で定める車であって、移動用小型車、身体障害者用の車及び歩行補助車等以外のもの

⑨道路標識

　道路の交通に関し、規制又は指示を表示する標示板

青

道路標識
（横断歩道）

⑩道路標示

　道路の交通に関し、規制又は指示を表示する標示で、路面に描かれた道路鋲、ペイント、石等による線、記号又は文字

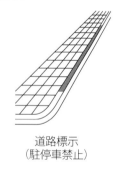

道路標示
（駐停車禁止）

 ポイント 道路標識は「板」である！…と意識しておこう。道路標示との区別に注意。

 補足 道交法の適用については、身体障害者用の車、歩行補助車等、乳母車（ベビーカー）の通行者は、歩行者として扱われる。

⑪運転

　道路において、車両又は路面電車をその本来の用い方に従って用いること（特定自動運行を行う場合を除く）

⑬追越し

　車両が他の車両等に追い付いた場合において、その進路を変えてその追い付いた車両等の側方を通過し、かつ、当該車両等の前方に出ること

⑭進行妨害

　車両等が、進行を継続し、又は始めた場合においては危険を防止するため**他の車両**等がその**速度又は方向を急に変更**しなければならないこととなるおそれがあるときに、その進行を継続し、又は始めること

⑫駐車

　車両等が客待ち、荷待ち、貨物の積卸し、故障その他の理由により継続的に停止すること（貨物の積卸しのための停止で**5分を超えない時間**内のもの及び**人の乗降**のための停止を除く）、又は車両等が停止（特定自動運行中の停止を除く）をし、かつ、当該車両等の運転をする者がその車両等を離れて**直ちに運転**することができない状態にあること

⑮停車

　車両等が停止することで**駐車以外**のもの

〈進行妨害と進路変更 混同するな！〉
「**進行妨害**」と「**進路変更**」を混同しないように注意しよう（「進路変更」については、道交法第2条では特に定義していない）。

⑯徐行

　車両等が直ちに停止することができるような速度で進行すること

⑰安全地帯

　路面電車に乗降する者若しくは横断している歩行者の安全を図るため道路に設けられた**島状**の施設又は道路標識及び道路標示により安全地帯であることが示されている道路の部分

① 路側帯とは、歩行者及び自転車の通行の用に供するため、歩道の設けられていない道路又は道路の歩道の設けられていない側の路端寄りに設けられた帯状の道路の部分で、道路標示によって区画されたものをいう。

答× 路側帯は、あくまでも歩行者の通行の用に供するためのもので、自転車の通行の用に供することは予定されていない。

② 車両とは、自動車、原動機付自転車及びトロリーバスをいう。

答× 軽車両が抜けている。

③ 道路交通法に定める用語の意義に関する次のA・B・C・Dの記述について、その意義に該当する用語の組合せとして、正しいものはどれか。

A. 歩行者の通行の用に供し、又は車道の効用を保つため、歩道の設けられていない道路又は道路の歩道の設けられていない側の路端寄りに設けられた帯状の道路の部分で、道路標示によって区画されたものをいう。

B. 原動機を用い、かつ、レール又は架線によらないで運転し、又は特定自動運行を行う車であって、原動機付自転車、軽車両、移動用小型車、身体障害者用の車及び遠隔操作型小型車並びに歩行補助車、乳母車その他の歩きながら用いる小型の車で政令で定めるもの（歩行補助車等）以外のものをいう。

C. 車両等が、進行を継続し、又は始めた場合においては危険を防止するため他の車両等がその速度又は方向を急に変更しなければならないこととなるおそれがあるときに、その進行を継続し、又は始めることをいう。

D. 車両の通行の用に供するため縁石線若しくはさくその他これに類する工作物又は道路標示によって区画された道路の部分をいう。

	A	B	C	D
1.	安全地帯	自動車	進路変更	車両通行帯
2.	路側帯	自動車	進行妨害	車道
3.	安全地帯	車両	進行妨害	車両通行帯
4.	路側帯	車両	進路変更	車道

答2 104ページ以降の「主な用語の定義」本文の説明参照。

通行区分及び最高速度等

重要度

自動車の「最高速度」と「最低速度」は、近年において比較的出題されているテーマだ。第5分野の事例問題を解く際の前提知識にもなるので、押さえておくこと。

合格への道

CHECK ☐
1　通行区分等（道交法第17条、第18条第2項）

　車両は、①道路外の施設又は場所に出入するため、やむを得ない場合に歩道等を横断するとき、又は②法令の規定により**歩道又は路側帯で停車・駐車**するため、必要な限度で歩道又は路側帯を通行するときは、歩道等に入る直前で一時停止し、かつ、**歩行者の通行を妨げない**ようにしなければならない。

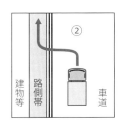

　なお、車両は、歩道と車道の区別のない道路を通行する場合など、**歩行者の側方を通過**するときは、これとの間に**安全な間隔を保ち**、又は徐行しなければならない。

CHECK ☐
2　最高・最低速度（道交法第22条、第75条の4、同法施行令第11条、第12条、第27条、第27条の3等）

　車両は、道路標識等によりその**最高速度が指定**されている道路においては**その最高速度を、その他の道路**においては、次ページで紹介する政令で定める最高速度を超える速度で進行してはならない。

　また、自動車は、**高速自動車国道の本線車道**においては、法令の規定によりその速度を減ずる場合及び危険を防止するためやむを得ない場合を除き、道路標識等により自動車の**最低速度が指定**されている区間にあっては**その最低速度に、その他の区間**にあっては、**時速50キロメートル以上**で進行しなければならない。

■ 各道路における法定最高速度 ■

道路の種別	最高速度		
一般道路	**原則**	**時速 60 キロメートル**	
	例外	他の車両を牽引して道路を通行する場合 →**時速 30 キロメートル** →ただし、車両総重量が 2,000 キログラム以下の車両を、その車両の 3 倍以上の車両総重量の自動車で牽引する場合は、時速 40 キロメートル	
高速自動車国道の本線車道又はこれに接する加速車線若しくは減速車線	**原則**	**時速 80 キロメートル**[※1]	
	例外	車両総重量 8,000 キログラム未満、最大積載重量 5,000 キログラム未満の中型自動車等[※2] →**時速 100 キロメートル**	

※ 1 令和 6 年 4 月 1 日より、車両総重量 8,000kg 以上、最大積載重量 5,000kg 以上の中型・大型自動車の高速自動車国道等での最高速度は、原則として、時速 90 キロメートルとなる。この点が試験範囲に含まれる**令和 6 年度第 2 回試験からは注意**すること。

※ 2 普通自動車、乗車定員が 10 人以下の中型自動車、専ら人を運搬する構造の大型自動車、平成 29 年 3 月 12 日施行の準中型自動車もここに含まれる。

_{CHECK}
☐ **3 最高速度違反行為に係る車両の使用者に対する指示（道交法第 22 条の 2）**

　車両の運転者が最高速度違反行為を当該車両の使用者（当該車両の運転者であるものを除く）の業務に関してした場合において、当該最高速度違反行為に係る車両の使用者が当該車両につき最高速度違反行為を防止するため必要な運行の管理を行っていると認められないときは、当該車両の使用の本拠の位置を管轄する公安委員会は、当該車両の使用者に対し、最高速度違反行為となる運転が行われることのないよう運転者に指導し又は助言することその他最高速度違反行為を防止するため必要な措置をとることを指示できる。

　車両の**使用者**に対し、最高速度違反行為となる運転が行われることのないよう、運転者に**指導・助言**などの措置をとるよう指示できるのは、**公安委員会**である。

指示

公安委員会 → 使用者

CHECK
□ **4　最高速度違反行為の命令等の禁止（道交法第 75 条）**

　自動車の使用者はその者の業務に関し、自動車の運転者に対し、最高速度違反行為を命じ、又は自動車の運転者が最高速度違反行為をすることを容認してはならない。

　自動車の使用者等が、これに違反し、当該違反により自動車の運転者が違反行為をした場合で、自動車の使用者がその者の業務に関し自動車を使用することが著しく道路における交通の危険を生じさせ、又は著しく交通の妨害となるおそれがあると認めるときは、**公安委員会**は、当該自動車の使用者に対し、**6 ヵ月を超えない範囲内で期間を定めて**、当該違反に係る自動車を運転し、又は運転させてはならない旨を命ずることができる。

────────**過去問にチャレンジ！**────────

① 道路交通法に定める最高速度違反行為についての次の文中、A、B、C、D に入るべき字句としていずれか正しいものを 1 つ選びなさい。

　車両の運転者が最高速度違反行為を当該車両の使用者（当該車両の運転者であるものを除く。以下同じ。）の ┃A┃ した場合において、当該最高速度違反行為に係る車両の使用者が当該車両につき最高速度違反行為を防止するため必要な ┃B┃ を行っていると認められないときは、当該車両の使用の本拠の位置を管轄する公安委員会は、当該車両の使用者に対し、最高速度違反行為となる運転が行われることのないよう運転者に ┃C┃ することその他最高速度違反行為を防止するため必要な措置をとることを ┃D┃ することができる。

A　1．業務に関して　　　　　2．責務に関して
B　1．情報の管理　　　　　　2．運行の管理
C　1．指導し又は助言　　　　2．命令
D　1．勧告　　　　　　　　　2．指示

答 A：1　B：2　C：1　D：2　前ページの「3　最高速度違反行為に係る車両の使用者に対する指示」を参照。

② 貨物自動車運送事業の用に供する車両総重量 9,595 キログラムの自動車の最高速度は、道路標識等により最高速度が指定されていない高速自動車国道の本線車道（政令で定めるものを除く。）においては、時速 100 キロメートルである。

答 ×　本問自動車の最高速度は、時速 80 キロメートルである。なお、令和 6 年 4月 1 日より、車両総重量 8,000 キログラム以上等の中型・大型自動車の高速自動車国道等での最高速度は、原則として、時速 90 キロメートルとなるので注意。

2
通行区分及び最高速度等

③　道路交通法に定める自動車の法定速度に関する次の文中、A、B、C、D に入るべき字句を下の枠内の選択肢（①〜⑤）から選びなさい。

1. 自動車の最高速度は、道路標識等により最高速度が指定されていない片側一車線の一般道路においては、　A　である。
2. 自動車の最低速度は、法令の規定によりその速度を減ずる場合及び危険を防止するためやむを得ない場合を除き、道路標識等により自動車の最低速度が指定されていない区間の高速自動車国道の本線車道（政令で定めるものを除く。）においては、　B　である。
3. 貸切バス（乗車定員 47 名）の最高速度は、道路標識等により最高速度が指定されていない高速自動車国道の本線車道（政令で定めるものを除く。）においては、　C　である。
4. トラック（車両総重量 12,000 キログラム、最大積載量 8,000 キログラムであって乗車定員 3 名）の最高速度は、道路標識等により最高速度が指定されていない高速自動車国道の本線車道（政令で定めるものを除く。）においては、　D　である。

①	時速 40 キロメートル	②	時速 50 キロメートル
③	時速 60 キロメートル	④	時速 80 キロメートル
⑤	時速 100 キロメートル		

答 A：③　B：②　C：⑤　D：④

　問題文 1 について、最高速度が指定されていない「一般道路」の「最高」速度は、原則として、時速 60 キロメートルである。例外は「牽引」のケースだ。

　問題文 2 について、いわゆる高速道路の本線車道における「最低」速度は、原則として、時速 50 キロメートルである。

　問題文 3 について、いわゆる高速道路の本線車道における「最高」速度は、原則として、時速 80 キロメートルである。ただし、専ら人を運搬する構造の大型自動車の場合は、例外として、時速 100 キロメートルとなり、本問の貸切バスは、この例外に該当する。なお、大型自動車となる乗車定員は、30 人以上の場合である（138ページ参照）。

　問題文 4 について、いわゆる高速道路の本線車道における「最高」速度は、原則として、時速 80 キロメートルである。例外として、車両総重量 8,000 キログラム未満、最大積載重量 5,000 キログラム未満の中型自動車等は、時速 100 キロメートルとなる。本問のトラックは、この例外に該当しない。

　なお、令和 6 年 4 月 1 日より、車両総重量 8,000 キログラム以上、最大積載重量 5,000 キログラム以上の中型・大型自動車の高速自動車国道等での最高速度は、原則として、時速 90 キロメートルとなる。この点が試験範囲に含まれる令和 6 年度第 2 回試験からは注意すること。

ROAD 3　通行方法等

重要度

> **合格への道**　追越しの方法や交差点での通行方法等は、どこかしらの知識が毎回のように出題される重要事項だ。とはいえ、ここで紹介する話を押さえておけば、試験には対応できるはずだ。

CHECK □　**1　追越しの方法（道交法第 28 条、第 29 条、第 17 条第 5 項）**

　車両は、他の車両を追い越そうとするときは、その追い越されようとする車両（**前車**）の右側を通行しなければならないのが原則である。なお、**前車が他の車両を追い越そうとしているときは、追越しを始めてはならない。**

（右側）

　ただし、下図のように、前車が法令の規定により道路の**中央又は右側端**に寄って通行しているとき（道路外に出るために右折するときなど※）は、その**左側**を通行しなければならない。追い越してはならないわけではない。

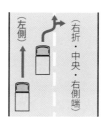

（左側）（右折・中央・右側端）

※自動車等は右折するとき、あらかじめ右折する前からできる限り道路の**中央**（当該道路が一方通行のときは、当該道路の**右側端**）に寄らなければならないとされている。
　また、**左折又は右折しようとする車両**が、法令の規定により、それぞれ道路の左側端、中央又は右側端に寄ろうとして**手又は方向指示器による合図**をした場合においては、その**後方にある車両**は、その**速度又は方向を急に変更**しなければならないこととなる場合を除き、当該合図をした車両の進路の変更を妨げてはならない。

また、車両は、**道路中央から左部分の幅員が6メートルに満たない道路に**おいて、**他の車両を追い越そうとするとき**（道路の中央から**右の部分を見と**おすことができ、かつ、反対の方向からの交通を妨げるおそれがない**場合に**限るものとし、道路標識等により追越しのため道路の中央から右の部分に**はみ出して通行することが禁止**されている場合を**除く**）は、道路の中央から右の部分にその全部又は一部をはみ出して通行することができる。

　なお、下図のように他の車両が**法令や警察官の命令、危険防止のため停止**しているか、**停止しようとして徐行している場合**（それに続く車両も含む）で、その車両等に追いついたときは、**前方にある車両等の側方を通過して、当該車両等の前方に割り込み**、又はその前方を横切ってはならない。

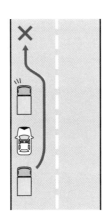

CHECK
□ 2　通行区分（道交法第17条）
　車両は、歩道又は路側帯（歩道等）と車道の区別のある道路においては、車道を通行しなければならない。ただし、**道路外の施設又は場所に出入する**ため、**やむを得ない場合において歩道等を横断するとき**、又は法令の規定により歩道等で停車し、若しくは**駐車するため必要な限度において歩道等を通**行するとき、車両は、**歩道等に入る**直前で一時停止し、かつ、歩行者の通行を妨げないようにしなければならない。

CHECK ☐　**3　追越し禁止場所（道交法第 30 条）**

　車両は、**次の場所**では他の車両（特定小型原動機付自転車等を除く）の**追越しが禁止**されている。

　なお、**道交法における「車両」**には、**原動機付自転車が含まれる**ため、次の追越し禁止場所における**原動機付自転車の追越しは、認められない。**

追越し禁止場所

①道路標識等により**追越しが禁止**されている道路の部分	
②道路の**曲がり角付近、上り坂の頂上付近**又は**勾配の急な下り坂** ➡ **徐行すべき場所とほぼ同じ** （119 ページ参照）	
③**トンネル**（ただし、**車両通行帯**がある場合は、追越し可能）	
④**交差点**（当該車両が法令の規定する優先道路を通行している場合における当該優先道路にある**交差点は除く**）、踏切、横断歩道又は**自転車横断帯**及びこれらの手前の側端から前に 30 メートル以内の部分	自転車横断帯　　横断歩道

3　通行方法等

> **ポイント**　「**勾配の急な下り坂**」での追越しは禁止されるが、「**勾配の急な上り坂**」での追越しは禁止されない点に注意しよう。

4　進路変更（道交法第 26 条の 2）

　車両は、みだりにその進路を変更してはならない。また、**進路を変更した**場合に、その**変更後の進路と同一の進路を後方から進行してくる車両等**の速度又は方向を急に変更させることとなるおそれがあるときは、**進路を変更し**てはならない。

5　バスの発進の保護（道交法第 31 条の 2）

　停留所において乗客の乗降のため停車していた**乗合自動車（バス）が発進**するため進路を変更しようとして手又は方向指示器により**合図をした場合**、後方車両は、その速度又は方向を急に変更しなければならないこととなる場合を除き、当該合図をした**乗合自動車の進路の変更を妨げてはならない**。

6　交差点における通行方法（道交法第 34 条、第 36 条、第 37 条）

　車両は左折するとき、あらかじめその前から**できる限り道路の**左側端に寄り、かつ、**できる限り道路の**左側端に沿って（道路標識等で通行部分が指定されているときは、その指定部分を通行して）、**徐行**しなければならない。

　また、車両等は、**交差点に入ろう**とし、及び**交差点内を通行**するときは、交差点の状況に応じ、交差道路を通行する車両等（車両又は路面電車）、反対方向から進行してきて右折する車両等及び当該交差点又はその直近で道路を横断する歩行者に特に注意し、**できる限り安全な速度と方法で**進行しなければならない。

　そして、**交差点で右折**する場合、当該**交差点で直進又は左折しようとする車両等**があるときは、当該車両等の進行妨害をしてはならない。

　さらに、優先道路を通行している場合を除き、車両が、**交通整理の行われていない交差点に入ろう**とする場合において、**交差道路が優先道路であるとき**、又はその通行している道路の幅員よりも**交差道路の幅員が明らかに広い**ものであるときは、その**前方に出る前に徐行**しなければならない。

7　環状交差点での左折等（道交法第 35 条の 2）

　「環状交差点」とは、欧米などで普及し、日本でも少しずつ普及され始めている交差点である。次ページの図のように、**自動車は右回りの一方通行で進行し、交差点を出ていく**。環状部分を進んでいる車が優先される。

◆ 環状交差点のイメージ

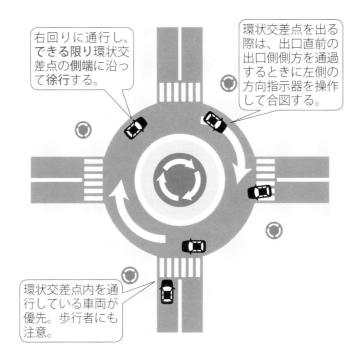

右回りに通行し、できる限り環状交差点の側端に沿って**徐行**する。

環状交差点を出る際は、出口直前の出口側側方を通過するときに左側の方向指示器を操作して合図する。

環状交差点内を通行している車両が優先。歩行者にも注意。

CHECK
□　**8　横断歩道等における通行方法（道交法第 38 条、第 38 条の 2）**

　車両等は、横断歩道又は自転車横断帯（横断歩道等）に接近し、通過する際に、進路の前方を横断しようとする歩行者又は自転車（歩行者等）がないことが**明らかな場合を除き**、当該横断歩道等の直前（道路標識等による停止線が設けられているときは、その停止線の直前）で**停止できる速度**で進行しなければならない。

　そして、横断歩道等でその進路の前方を横断し、又は横断しようとする**歩行者等があるときは、当該横断歩道等の**直前で**一時停止**し、かつ、その通行を妨げないようにしなければならない。

　なお、車両等は、交差点又はその直近で横断歩道の設けられていない場所において歩行者が道路を横断しているときも、その歩行者の通行を妨げてはならない。

9　車両通行帯における通行方法（道交法第 18 条、第 20 条、第 20 条の 2）

　車両は、車両通行帯の設けられた道路では、道路の左側端から数えて 1 番目の車両通行帯を通行しなければならない。ただし、**自動車**（小型特殊自動車及び道路標識等で指定された自動車を除く）**は**、当該道路の左側部分（当該道路が一方通行となっているときは、当該道路）に 3 以上の車両通行帯が設けられているときは、政令で定めるところにより、**その速度に応じ、その最も右側の車両通行帯**以外の車両通行帯を通行することができる。

　また、**自動車**（路線バス等を除く）**は**、一般乗合旅客自動車運送事業者による路線定期運行の用に供する自動車（**路線バス等**）の**優先通行帯**であることが道路標識等により表示されている車両通行帯が設けられている道路を**通行中、路線バス等が後方から接近**してきた場合、その正常な運行に支障を及ぼさないように、**すみやかに当該車両通行帯の外に出**なければならない。

　ちなみに、車両（トロリーバスを除く）が、**車両通行帯が「設けられていない」道路**を通行する場合は、**道路の左側**に寄って、当該道路を通行する。ただし、追越しをする場合や、法令の規定で道路の中央や右側に寄る場合、道路の状況等でやむ得ない場合は、この限りではない。

10　踏切の通過（道交法第 33 条）

　車両等は踏切を通過しようとするときは、**踏切の直前**（道路標識等による停止線が設けられているときは、その停止線の直前）**で停止**し、かつ、安全であることを確認した後でなければ進行してはならない。

　ただし、信号機の表示する信号に従うときは、踏切の直前で停止しないで進行することができる。

11　軌道敷内（路面電車の線路内）の通行方法（道交法第 21 条）

　車両（トロリーバスを除く）は、原則として、軌道敷内を通行してはならない。ただし、法令で定める路面電車の通行を妨げない場合や、**左折・右折・横断・転回するために軌道敷を横切る場合、危険防止のためやむを得ない場合**などは、軌道敷内を通行できる。

CHECK □ 12　徐行すべき場所 （道交法第 37 条の 2、第 42 条）

　車両等は、徐行が指定される道路の部分はもちろん、環状交差点に入ろうとするとき、左右の見とおしがきかない交差点に入ろうとするとき、交差点内で左右の見とおしがきかない部分を通行しようとするとき（交通整理が行われている場合や優先道路を通行している場合を除く）、道路の曲がり角付近、上り坂の頂上付近、勾配の急な下り坂を通行するときは、**徐行しなければならない。**

> **ポイント**　〈「追越し禁止場所」の②とセットで！〉
> 　上記の「道路の曲がり角付近、上り坂の頂上付近、勾配の急な下り坂」という部分は、115 ページの「追越し禁止場所」の②と同じだ。セットで覚えてしまおう。

CHECK □ 13　救急車等の緊急自動車の優先 （道交法第 40 条）

　車両は、**緊急自動車が接近**してきたときは、道路の**左側**に寄って、進路を譲らなければならない。

　また、**交差点又はその附近**で緊急自動車が接近してきたとき、車両（緊急自動車を除く）は交差点を避け、かつ、道路の**左側**（一方通行の道路において、その左側に寄ることが緊急自動車の通行を妨げる場合は、道路の**右側**）に寄って、**一時停止**しなければならない。

───（ 過去問にチャレンジ！ ）───

① 　車両は、他の車両を追い越そうとするときは、その追い越されようとする車両（以下「前車」という。）の右側を通行しなければならない。ただし、前車が法令の規定により右折をするため道路の中央又は右側端に寄って通行しているときは、前車を追越してはならない。

答✕　前車が道路の中央等に寄って通行しているときは、その左側を通行しなければならない。

② 　車両は、トンネル内の車両通行帯が設けられている道路（道路標識等により追い越しが禁止されている道路の部分を除く。）においては、他の車両を追い越すことができる。

答○　道交法第 30 条のとおりである。トンネル内では、原則として、追越しが禁止されるが、車両通行帯が設けられている場合は、追越し可能である。

③　車両は、法令に規定する優先道路を通行している場合における当該優先道路にある交差点を除き、交差点の手前の側端から前に 30 メートル以内の部分においては、他の車両（特定小型原動機付自転車等を除く。）を追い越そうとするときは、速やかに進路を変更しなければならない。

答×　車両は、法令に規定する優先道路を通行している場合における当該優先道路にある交差点を除き、交差点の手前の側端から前に 30 メートル以内の部分においては、追越しが禁止されている。

④　車両は、進路を変更した場合にその変更した後の進路と同一の進路を後方から進行してくる車両等の速度又は方向を急に変更させることとなるおそれがあるときは、速やかに進路を変更しなければならない。

答×　本問の場合、車両は進路を変更してはならない（道交法 26 条の 2）。

⑤　左折又は右折しようとする車両が、法令の規定により、それぞれ道路の左側端、中央又は右側端に寄ろうとして手又は方向指示器による合図をした場合においては、その後方にある車両は、いかなる場合であっても当該合図をした車両の進路を妨げてはならない。

答×　本問の場合、後方にある車両は、速度又は方向を急に変更しなければならない場合を除いて、合図をした車両の進路を妨げてはならない。いかなる場合でも、合図をした車両の進路を妨げてはならないわけではない。

⑥　停留所において乗客の乗降のため停車していた乗合自動車が発進するため進路を変更しようとして手又は方向指示器により合図をした場合においては、その後方にある車両は、その速度又は方向を急に変更しなければならないこととなる場合を除き、当該合図をした乗合自動車の進路の変更を妨げてはならない。

答○　道交法第 31 条の 2 のとおりである。

⑦　車両は、道路標識等により追越しが禁止されている道路の部分においても、前方を進行している原動機付自転車は追い越すことができる。

答×　道交法における「車両」には、原動機付自転車が含まれるため、追越し禁止場所における原動機付自転車の追越しは認められない。この問題はよく出題されるので注意しておこう。

ROAD 4　停車及び駐車の禁止

重要度

> **合格への道**　「停車及び駐車が禁止される場所」「駐車が禁止される場所」は2回に1回くらいの頻度で出題される。特に、「駐車が禁止される場所」はよく出題されるので、しっかり押さえておこう。

CHECK □　1　停車及び駐車が禁止される場所（道交法第44条）

　車両は、原則として次の場所には、停車も駐車もしてはならない。

停車も駐車も禁止される場所

①道路標識等により**停車及び駐車が禁止**されている道路の部分

②**交差点、横断歩道、自転車横断帯、踏切、軌道敷内、坂の頂上付近、勾配の急な坂、トンネル**
　➡ **前半5つ**は当然で、わざわざ覚える必要はないであろう。**後半3つ**について、115ページの「追越し禁止場所」と微妙に異なるので注意

③**交差点の側端**又は**道路の曲がり角から5メートル以内**の部分

④**横断歩道**又は**自転車横断帯**の前後の側端からそれぞれ**前後に5メートル以内**の部分

⑤安全地帯が設けられている道路の当該**安全地帯の左側**の部分及び当該部分の前後の側端からそれぞれ**前後に10メートル以内**の部分

⑥乗合自動車（バス）の停留所、トロリーバスや路面電車の停留場を**表示する標示柱又は標示板**が設けられている位置から**10メートル以内**の部分（乗合自動車等の運行時間中に限る）

⑦**踏切の前後の側端から前後に10メートル以内**の部分

> **ポイント**　上記の「駐停車」禁止場所の例外として、**法令の規定や警察官の命令**により、また、**危険防止のため一時停止**する場合は許されることも頭のスミに置いておこう。

2 駐車が禁止される場所（道交法第 45 条）

車両は、原則として次の場所には駐車してはならない。

駐車が禁止される場所

①**道路標識等**により**駐車が禁止**されている道路の部分	駐車禁止  青
②人の乗降、貨物の積卸し、駐車又は自動車の格納若しくは**修理**のため、道路外に設けられた施設又は場所の道路に接する**自動車用の出入口**から**3**メートル以内の部分	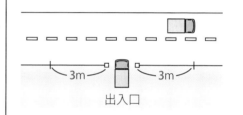 出入口
③**道路工事**が行われている場合における当該**工事区域**の側端から**5**メートル以内の部分	道路工事中  黄
④**消防用機械器具の置場**若しくは消防用防火水槽の側端又はこれらの道路に接する**出入口**から**5**メートル以内の部分	

⑤消火栓、指定消防水利の標識が設けられている位置又は消防用防火水槽の吸水口若しくは吸管投入孔から **5** メートル以内の部分

⑥火災報知機から **1** メートル以内の部分

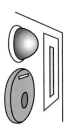

⑦法令の規定により駐車する場合に、当該車両の**右側**の道路**上**に **3.5** メートル（道路標識等により距離が指定されているときは、その距離）**以上**の**余地がない**こととなる場所。
　ただし、（ア）**貨物の積卸し**を行う場合で、**運転者がその車両を離れないとき**、若しくは**運転者が**その車両を離れたが**直ちに運転に従事することができる状態にあるとき**、又は（イ）**傷病者の救護**のためやむを得ないときは、この限りでない。

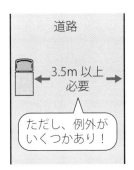

上記⑦の前半部分は、公安委員会が交通がひんぱんでないと認めて指定した区域には適用されない。つまり、一定の余地がなくても駐車できる場合がある。

CHECK □ **3 交差点等への進入禁止（道交法第 50 条）**

　交通整理の行われている交差点に入ろうとする車両等は、その進行しようとする進路の前方の車両等の状況により、交差点に入った場合においては、当該交差点内で停止することとなり、**車両等の通行の妨害となるおそれが**あるときは、**当該交差点に入ってはならない。**

　また、車両等は、その進行しようとする進路の前方の車両等の状況により、横断歩道、自転車横断帯、踏切又は道路標示によって区画された部分に入った場合においては、その部分で停止することとなるおそれがあるときは、これらの部分に入ってはならない。

🚛**ポイント** 〈「進入禁止」というタイトルのとおり…〉
　上記の話は要するに、交差点等の途中で、車両が停止してしまいそうな場合は、**入ってはならない**という規定だ。ここはよく「**徐行しなければならない**」というヒッカケ問題が出るので注意しておこう。

過去問にチャレンジ！

道路交通法に定める駐車を禁止する場所（公安委員会の定めるところにより警察署長の許可を受けたときを除く。）についての次の記述のうち、正しいものを 2 つ選びなさい。

1. 車両は、道路工事が行なわれている場合における当該工事区域の側端から 5 メートル以内の道路の部分においては、駐車してはならない。
2. 車両は、人の乗降、貨物の積卸し、駐車又は自動車の格納若しくは修理のため道路外に設けられた施設又は場所の道路に接する自動車用の出入口から 5 メートル以内の道路の部分においては、駐車してはならない。
3. 車両は、公安委員会が交通がひんぱんでないと認めて、指定した区域を除き、法令の規定により駐車する場合に当該車両の右側の道路上に 5 メートル（道路標識等により距離が指定されているときは、その距離）以上の余地がないこととなる場所においては、駐車してはならない。
4. 車両は、消防用機械器具の置場若しくは消防用防火水槽の側端又はこれらの道路に接する出入口から 5 メートル以内の道路の部分においては、駐車してはならない。

答 1 と 4　122 ページからの「駐車が禁止される場所」を参照。誤っている選択肢は、ともに数字部分が誤っている。

ROAD 5　過積載等

重要度

合格への道　過積載（か せきさい）については3回に1回くらいのペースで出題されており、出題時は丸々1問分での出題が多い。特に「過積載車両の運転の要求等の禁止」はよく出題されるので、注意が必要である。

CHECK □ 1　過積載の禁止（道交法第57条、第58条の2〜4）

　車両の運転者は、当該車両について政令で定める**乗車人員、積載物の重量、大きさ、積載の方法の制限を超えて乗車をさせ又は積載をして車両を運転してはならない。**ただし、**警察署長の許可**を受けて貨物**自動車の荷台に乗車**させる場合等は、例外である。そして、道交法では、過積載を防止するために、次のような警察官や公安委員会の権限を認めている。

■積載物の重量の測定等：警察官

　警察官は、積載物の重量の制限を超える積載をしていると認められる車両が運転されているときは、次の措置をとることができる。
　①当該車両の停止
　②運転者に対する自動車検査証その他政令で定める書類の提示要求
　③当該車両の積載物の重量の測定

■過積載車両に係る応急の措置命令：警察官

　警察官は、過積載をしている車両の運転者に対し、当該車両に係る積載が過積載とならないようにするため必要な応急の措置をとることを命ずることができる。

■過積載防止のために必要な措置の指示：公安委員会

　上記の応急の措置命令がされた場合で、当該命令に係る車両の使用者（当該車両の運転者であるものを除く）が当該車両に係る過積載を防止するため必要な運行管理を行っていると認められないときは、当該車両の使用の本拠の位置を管轄する公安委員会は、使用者に対し、過積載を防止するため必要な措置をとることを指示することができる。

CHECK 2 過積載車両の運転の要求等の禁止（道交法第58条の5）

荷主など自動車の使用者等以外の者は、車両の運転者に対し、**過積載をして車両を運転**することを**要求してはならない**。また、過積載となるのを知りながら、制限に係る重量を超える積載物を当該車両に積載させるため、積載物を売り渡したり、引き渡す行為をしてはならない。

そして、**警察署長**は、荷主などが運転者に対し上記の違反行為を行った場合で、その者が**反復して当該違反行為をするおそれ**があると認めるときは、当該荷主に対し、当該違反行為をしてはならない旨を命ずることができる。

CHECK 3 積載物の長さ、幅又は高さの制限（道交法第57条、同法施行令第22条）

積載物の長さ、幅又は高さは、次の制限を超えてはならない。

①**長さ**：自動車の長さにその長さの10分の2の長さを加えたもの

②**幅**：自動車の幅にその幅の10分の2の幅を加えたもの

③**高さ**：3.8メートル（公安委員会が道路又は交通の状況により支障がないと認めて定めるものにあっては3.8メートル以上4.1メートルを超えない範囲内において公安委員会が定める高さ）からその自動車の積載をする場所の高さを減じたもの

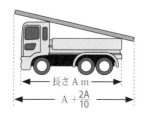
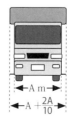

CHECK □　**4　積載方法の制限（道交法第 57 条、同法施行令第 22 条）**

積載物は、次の制限を超えることとなるような方法で積載してはならない。

①自動車の車体の前後から自動車の長さの 10 分の 1 の長さを超えてはみ出さないこと

②自動車の車体の左右から、自動車の幅の 10 分の 1 の幅を超えてはみ出さないこと

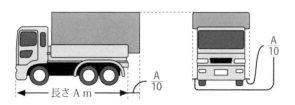

CHECK □　**5　積載制限違反行為の命令等の禁止（道交法第 75 条）**

自動車の使用者は、その者の業務に関し、自動車の運転者に対し、積載制限違反行為を命じ、又は自動車の運転者が積載制限違反行為をすることを容認してはならない。

自動車の使用者が、この積載制限違反行為の命令等の禁止に違反し、当該違反により自動車の運転者が違反行為をした場合で、自動車の使用者がその者の業務に関し自動車を使用することが著しく道路における交通の危険を生じさせ、又は著しく交通の妨害となるおそれがあると認めるときは、公安委員会は、当該自動車の使用者に対し、6 ヵ月を超えない範囲内で期間を定めて、当該違反に係る自動車を運転し、又は運転させてはならない旨を命ずることができる。

■ 過積載防止に関する権限のまとめ ■

警察官	重量測定・応急の措置命令
警察署長	運転要求の禁止命令
公安委員会	防止措置の指示
	運転禁止命令

5

過積載等

① 道路交通法に定める車両（軽車両を除く。以下同じ。）の積載物の積載方法、積載制限（出発地の警察署長が許可した場合を除く。）及び過積載（車両に積載をする積載物の重量が法令による制限に係る重量を超える場合における当該積載。以下同じ。）についての次の記述のうち、誤っているものを1つ選びなさい。なお、解答にあたっては、各選択肢に記載されている事項以外は考慮しないものとする。

1. 車両の運転者は、当該車両について政令で定める乗車人員又は積載物の重量、大きさ若しくは積載の方法の制限を超えて乗車させ、又は積載をして車両を運転してはならない。ただし、当該車両の出発地を管轄する警察署長による許可を受けて貨物自動車の荷台に乗車させる場合等にあっては、当該制限を超える乗車をさせて運転することができる。
2. 自動車の使用者は、その者の業務に関し、自動車の運転者に対し、道路交通法第57条（乗車又は積載の制限等）第1項の規定に違反して政令で定める積載物の重量、大きさ又は積載の方法の制限を超えて積載をして運転することを命じ、又は自動車の運転者がこれらの行為をすることを容認してはならない。
3. 過積載をしている車両の運転者に対し、警察官から過積載とならないようにするため必要な応急の措置命令がされた場合において、当該命令に係る車両の使用者（当該車両の運転者であるものを除く。）が当該車両に係る過積載を防止するため必要な運行の管理を行っていると認められないときは、当該車両の使用の本拠の位置を管轄する公安委員会は、当該車両の使用者に対し、車両を運転者に運転させる場合にあらかじめ車両の積載物の重量を確認することを運転者に指導し又は助言することその他車両に係る過積載を防止するため必要な措置をとることを指示することができる。
4. 警察官は、過積載をしている車両の運転者及び使用者に対し、当該車両に係る積載が過積載とならないようにするため必要な応急の措置をとることを命ずることができる。

答 4　警察官による応急の措置をとることの命令は、運転者に対して行うものである。

② 積載物の高さは、3.9メートル（公安委員会が道路又は交通の状況により支障がないと認めて定めるものにあっては3.9メートル以上4.1メートルを超えない範囲内において公安委員会が定める高さ）から自動車の積載をする場所の高さを減じたものを超えないこと。

答× 積載物の高さについては、3.8メートルが基準となる。

ROAD 6　運転者の義務等

重要度

> **合格への道**　過労運転等に関する問題と、交通事故時の措置に関する問題をあわせると、ほぼ毎回出題されている重要項目である。ともに穴埋め問題でも出題されるため、しっかり押さえておくこと。

CHECK □ ## 1　酒気帯び運転、過労運転等の禁止（道交法第65条、第66条）

　何人も、酒気帯びの状態はもちろん、過労、病気、薬物の影響その他の理由（以下この項目では「過労運転等」とする）により、正常な運転ができないおそれがある状態で車両等を運転してはならない。

　また、何人も、酒気を帯びていて**酒気帯び運転の規定に違反して車両等を運転することとなるおそれがある者**に対し、車両等を提供してはならないし、酒気帯び運転のおそれがある者に対し、**酒類を提供し、飲酒をすすめてはならない**。

　さらに、何人も、車両（トロリーバス及び旅客自動車運送事業の用に供する自動車で当該業務に従事中のものその他の政令で定める自動車を除く）の**運転者が酒気を帯びていることを知りながら**、当該運転者に対し、当該車両を運転して自己を運送することを要求し、又は依頼して、当該運転者が酒気帯び運転の規定に違反して運転する車両に同乗してはならない。

　なお、酒気帯び運転の規定に違反した者で、身体に**血液1ミリリットルにつき0.3ミリグラム又は呼気1リットルにつき0.15ミリグラム以上**にアルコールを保有する状態にあった者は、3年以下の懲役又は50万円以下の罰金に処せられる。

> **ポイント**　上記の酒気帯び運転に関する規定については、穴埋め問題で出題されることもある。赤字部分を覚えておけば対応できる。なお、**第1章の「貨運法」の分野で行われる「点呼」の際**には、「血液1ミリリットルにつき0.3ミリグラム又は呼気1リットルにつき0.15ミリグラム以上」という**基準未満の酒気帯びであっても、その者に運転させてはならない**。

CHECK
☐ **2 過労運転に係る車両の使用者に対する指示（道交法第 66 条の 2）**

　車両の運転者が過労により**正常な運転ができないおそれがある状態**で車両を運転する行為を当該車両の**使用者（当該車両の運転者である者を除く）**の業務に関してした場合において、**使用者が過労運転を防止するため必要な運行の管理を行っていると認められないとき**は、当該車両の使用の本拠の位置を管轄する**公安委員会**は、当該車両の**使用者**に対し、過労運転が行われることのないよう運転者に**指導し又は助言すること**その他過労運転を防止するため**必要な措置をとることを指示することができる**。

 以上の**赤字部分**を問う穴埋め問題が本試験で出題される。今後も同様の問題が出題される可能性があるので、正確に押さえておこう。

CHECK
☐ **3 運転者の安全運転と遵守事項（道交法第 70 条、第 71 条等）**

　車両等の運転者は、当該車両等のハンドル、ブレーキその他の装置を確実に操作し、かつ、道路、交通及び当該車両等の状況に応じ、他人に危害を及ぼさないような速度と方法で運転しなければならない。そして、以下で紹介する事項を守らなければならない。

　数は多いがどれも常識的な事項なので、**赤字部分**を意識しつつ読んでおけば、試験でも対応できるであろう。

> **主な運転者の遵守事項（道交法第 71 条等）**
>
> ①ぬかるみ又は水たまりを通行するときは、**泥よけ器を付け**、又は**徐行する等**で、泥土、汚水等を飛散させて他人に迷惑を及ぼさないようにする。
> ②**身体障害者用の車が通行しているとき**、また、道交法に基づく政令で定める程度の**身体障害者が、政令で定めるつえを携えて通行していたり、盲導犬を連れて通行しているとき**などは、**一時停止又は徐行**して、その通行又は歩行を妨げないようにする。
> ③**高齢者、身体に障害のある歩行者等で、通行に支障のある者が通行しているとき**は、**一時停止又は徐行**して、その通行を妨げないようにする。

④児童、幼児等の乗降のため停車している通学通園バス（専ら小学校、幼稚園等に通う児童、幼児等を運送するために使用する自動車で政令で定めるもの）の側方を通過するときは、**徐行して安全を確認**する。

⑤道路の左側部分に設けられた**安全地帯の側方を通過**する場合、当該安全地帯に**歩行者がいるときは、徐行**する。

⑥乗降口のドアを閉じ、貨物の積載を確実に行う等、当該車両等に乗車している者や**積載物の転落、飛散を防ぐため必要な措置**を講ずる。また、車両等の積載物が道路に**転落・飛散**したときは、**速やかにその物を除去**する等、道路における危険を防止するため**必要な措置**を講ずる。

⑦安全を確認しないで、ドアを開き、又は車両等から降りないようにし、及びその車両等に乗車している他の者がこれらの行為により交通の危険を生じさせないようにするため必要な措置を講ずる。

⑧車両等を離れるときは、その**原動機を止め**、完全にブレーキをかける等当該車両等が停止の状態を保つため必要な措置を講ずる。

⑨自動車又は原動機付自転車を離れるときは、その車両の装置に応じ、その車両が他人に無断で**運転されることがない**ようにするため必要な措置を講ずる。

⑩正当な理由がないのに、著しく他人に迷惑を及ぼすこととなる騒音を生じさせるような方法で、自動車若しくは原動機付自転車を**急に発進**させ、若しくはその**速度を急激に増加**させ、又は自動車若しくは原動機付自転車の原動機の動力を車輪に伝達させないで原動機の回転数を増加させない。

⑪自動車等が**停止しているときを除き**、**携帯電話等の無線通話装置を通話**（傷病者の救護又は公共の安全の維持のため当該自動車等の走行中に緊急やむを得ずに行うものを除く）**のために使用**し、又は当該自動車等に取り付けられ若しくは持ち込まれた**画像表示用装置に表示された画像を注視しない**。

⑫自動車（大型自動二輪車及び普通自動二輪車を除く）の運転者は、座席ベルトを装着しないで自動車を運転してはならない。また、座席ベルトを装着しない者を運転者席**以外**の乗車装置に乗車させて自動車を運転してはならない。ただし、疾病のため座席ベルトを装着することが療養上適当でない者や、緊急自動車の運転者が当該緊急自動車を運転するとき、その他政令で定めるやむを得ない理由があるとき等は、この限りでない。

6
運転者の義務等

4　負傷者の救護等の義務（道交法第 72 条）

　交通事故があった場合、当該車両等の運転者その他の乗務員は、直ちに車両等の運転を停止して、負傷者を救護し、道路における危険を防止する等必要な措置を講じなければならない。

5　警察官への報告義務（道交法第 72 条）

　交通事故があった場合、当該車両等の運転者（運転者が死亡し、又は負傷したためやむを得ないときは、その他の乗務員）は、警察官が現場にいるときは当該警察官に、いないときは、**直ちに最寄りの警察署の警察官**に、次の事項を**報告**しなければならない。なお、通報した警察官の指示に従うことは、当然のことである。

┌─ **交通事故があった場合、警察官に報告すべき事項** ─┐

①事故の発生日時及び場所　　②死傷者の数及び負傷者の負傷の程度
③損壊(そんかい)した物及びその損壊の程度　　④当該事故に係る車両等の積載物
⑤当該事故について講じた措置

ポイント　〈事故の原因などは含まれない〉
　　運転者が警察官に報告すべき事項には、運転者の刑事責任を追及するに当たってその直接の証拠となりそうな事項（事故の原因など）は含まれていないことに注意。かかる報告義務が運転者に課されているのは、あくまでも**道路の危険防止**のためであって、運転者の刑事責任を追及するためではないからである。

6　自動車が停止した場合の表示等（道交法第 75 条の 11、同法施行令第 27 条の 6）

　故障等によって、自動車が本線車道若しくはこれに接する加速車線、減速車線、登坂車線（「本線車道等」という）、これらに接する路肩や路側帯で運転できなくなった場合、速やかに**当該自動車を本線車道等以外の場所に移動**するため**必要な措置**を講じなければならず、また、その状況を内閣府令で定める基準に適合する夜間用又は昼間用の停止表示器材によって、後方から進行してくる自動車の運転者が見やすい位置に置いて、**表示**しなければならない。

━━━━━━━━ 過去問にチャレンジ！ ━━━━━━━━

① 道路交通法に定める交通事故の場合の措置に関する下記の文中、A・B・C・D に入るべき字句の組み合わせとして、次のうち正しいものはどれか。

　車両等の交通による人の死傷又は物の損壊（以下「交通事故」という。）があったときは、当該車両等の運転者その他の乗務員は、直ちに車両等の運転を停止して、　A　し、道路における　B　する等必要な措置を講じなければならない。この場合において、当該車両等の運転者（運転者が死亡し、又は負傷したためやむを得ないときは、その他の乗務員。）は、警察官が現場にいるときは当該警察官に、警察官が現場にいないときは直ちに最寄りの警察署（派出所又は駐在所を含む。）の警察官に当該交通事故が発生した　C　、当該交通事故における死傷者の数及び負傷者の負傷の程度並びに損壊した物及びその損壊の程度、当該交通事故に係る車両等の　D　並びに当該交通事故について講じた措置を報告しなければならない。

	A	B	C	D
1.	負傷者を救護	危険を防止	日時及び場所	積載物
2.	救急車を要請	運行を確保	原因及び道路の状況	積載物
3.	救急車を要請	危険を防止	原因及び道路の状況	損傷の程度
4.	負傷者を救護	運行を確保	日時及び場所	損傷の程度

（答）1　交通事故があった場合に、運転者その他の乗務員が講じなければならないのは、「負傷者の救護」と道路における「危険を防止」する措置である。また、この場合に警察官に報告すべき事項は、事故が発生した「日時及び場所」、当該事故に係る車両等の「積載物」である。

② 車両等の運転者は、児童、幼児等の乗降のため、車両の保安基準に関する規定に定める非常点滅表示灯をつけて停車している通学通園バス（専ら小学校、幼稚園等に通う児童、幼児等を運送するために使用する自動車で政令で定めるものをいう。）の側方を通過するときは、できる限り安全な速度と方法で進行しなければならない。

（答）×　本問の場合、徐行して安全を確認しなければならない。

③ 自動車の運転者は、故障その他の理由により高速自動車国道等の本線車道若しくはこれに接する加速車線、減速車線若しくは登坂車線又はこれらに接する路肩若しくは路側帯において当該自動車を運転することができなくなったときは、停止表示器材を後方から進行してくる自動車の運転者が見やすい位置に置いて、当該自動車が故障その他の理由により停止しているものであることを表示しなければならない。

（答）○　道交法第75条の11、同法施行令第27条の6のとおりである。

6
運転者の義務等

信号の意味と合図等

重要度

> **合格への道** 自動車の合図（ウインカー等）の時期は、3回に1回くらいずつの頻度で出題される。特に運転免許証を持っている人は知っている知識のはずなので、復習がてらに確認しておこう。

CHECK
☐ **1　信号の意味等（道交法施行令第2条）**

　主な信号機の信号の種類と意味は、次の表のとおりである。あまり出題されないが、念のため確認しておこう。

信号の種類	信号の意味
青色の灯火	・歩行者及び遠隔操作型小型車（遠隔操作により道路を通行しているものに限る、以下「歩行者等」という）は、進行することができる。 ・自動車、一般原動機付自転車（いわゆる二段階右折を行う一般原動機付自転車〔多通行帯道路等通行一般原動機付自転車〕を除く）等は、直進し、左折し、又は右折することができる。
黄色の灯火	・歩行者等は、道路の横断を始めてはならず、また、道路を横断している歩行者等は、速やかに、その横断を終わるか、又は横断をやめて引き返さなければならない。 ・車両等は、**停止位置を越えて進行してはならない。** ただし、黄色の灯火の信号が表示された時において**当該停止位置に近接し、安全に停止することができない場合を除く。**
赤色の灯火	・歩行者等は、道路を横断してはならない。 ・車両等は、**停止位置を越えて進行してはならない。** ・交差点において**既に左折**している車両等は、**そのまま進行する**ことができる。 ・交差点において**既に右折**している車両等（多通行帯道路等通行一般原動機付自転車、特定小型原動機付自転車及び軽車両を除く）は、**そのまま進行する**ことができる。この場合、青色の灯火により進行できることとされている車両等の**進行妨害**をしてはならない。 ・交差点において**既に右折**している多通行帯道路等通行一般原動機付自転車、特定小型原動機付自転車及び軽車両は、その**右折**している地点において**停止**しなければならない。

青色の灯火の**矢印**	車両は、黄色又は赤色の灯火の信号にかかわらず、**矢印の方向に進行できる**。この場合、交差点で右折する多通行帯道路等通行一般原動機付自転車、特定小型原動機付自転車及び軽車両は、直進する多通行帯道路等通行一般原動機付自転車、特定小型原動機付自転車及び軽車両とみなす。
赤色の灯火の**点滅**	・歩行者等は、他の交通に注意して進行することができる。 ・車両等は、**停止位置**において**一時停止**しなければならない。
黄色の灯火の**点滅**	歩行者等及び車両等は、他の交通に**注意**して**進行**できる。

　なお、交差点において、信号機の下部等に、下図の左折することができる旨の表示がされた信号機の黄色又は赤色の灯火の信号の意味は、それぞれの信号により停止位置を越えて進行してはならないこととされている車両に対し、その車両が**左折**することができることを含む。

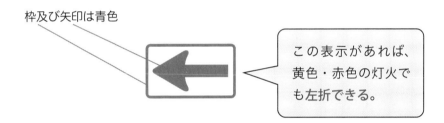

枠及び矢印は青色

この表示があれば、黄色・赤色の灯火でも左折できる。

CHECK □ **2　警音器の使用（道交法第 54 条）**

　車両等（自転車以外の軽車両を除く）の運転者は、左右の見とおしのきかない交差点、見とおしのきかない道路の曲がり角、又は見とおしのきかない上り坂の頂上で道路標識等により指定された場所を通行しようとするときは、警音器（クラクション）を鳴らさなければならない。

ポイント 〈**道路標識等の指定**が必要！〉
　上記のように、見とおしがきかない道路等…というだけで、警音器を鳴らす必要があるわけではない。注意しておこう。

---

3 方向指示器等の合図の時期（道交法第53条、同法施行令第21条等）

環状交差点における場合を除いて、運転者は、左折、右折、転回、徐行、停止、後退又は同一方向に進行しながら進路を変えるとき（進路変更）は、**手、方向指示器（ウインカー）又は灯火により合図**をし、かつ、**これらの行為が終わるまで当該合図を継続**しなければならない。それぞれの合図を行う時期は、次の表のとおりである。

合図を行う場合	合図を行う時期
左折	左折地点（交差点では、当該交差点の手前の側端）から30メートル手前の地点に達したとき。
右折又は転回	行為地点（交差点では、当該交差点の手前の側端）から30メートル手前の地点に達したとき。
進路変更（左右）	その行為をしようとする時の3秒前。
徐行又は停止	その行為をしようとするとき。
後退	その行為をしようとするとき。

─(過去問にチャレンジ！)─

① 車両の運転者が同一方向に進行しながら進路を左方又は右方に変えるときの合図を行う時期は、その行為をしようとする地点から30メートル手前の地点に達したときである。

图× 進路変更を行う際の合図を行う時期は、進路変更をしようとする時の3秒前である。

② 車両の運転者が左折又は右折するときの合図を行う時期は、その行為をしようとする地点（交差点においてその行為をする場合にあっては、当該交差点の手前の側端）から30メートル手前の地点に達したときである。（環状交差点における場合を除く。）

图○ 上記の「3 方向指示器等の合図の時期」の表を参照。合図を行う時期は、「右左折」が30メートル手前、「進路変更（左右）」が3秒前としっかり区別しておこう。

ROAD 8

運転免許等

重要度

合格への道　運転免許の出題頻度は低く、第5分野の事例問題を解くための前提知識と考えてよい。ただし、「6　免許の効力の仮停止」はときどき出題されているので、注意が必要である。

CHECK ☐ 1　運転免許の種類等（道交法第84条、第85条）

　自動車及び一般原動機付自転車を運転しようとする者は、公安委員会の運転免許を受けなければならない。

　そして免許は、**第1種運転免許（第1種免許）、第2種運転免許（第2種免許）及び仮運転免許（仮免許）に区分される。**

※運行管理者試験の貨物で問われる可能性があるのは、第1種免許である（第2種免許は、旅客自動車を運転するときの免許）。そこで、以下では第1種免許のみ取り上げる。

　第1種免許はさらに、以下の表のように、10種類に分けられる。

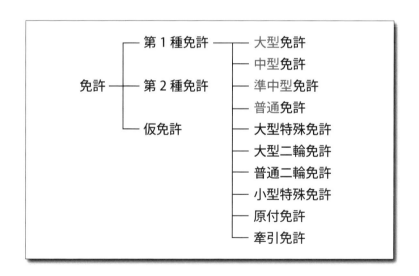

※表中の各免許は略称（例えば、「大型免許」の正式名称は「大型自動車免許」）。また、平成29年3月12日より「準中型免許（準中型自動車免許）」の運用が開始され、ここから第1種免許の種類は10種類となった。

そして、試験には直接関係のない特殊免許、二輪免許、原付免許、牽引免許を除いて、**大型免許を受けた者**は「**中型自動車→準中型自動車→普通自動車**」、中型免許を受けた者は「**準中型自動車→普通自動車**」と、受けた免許より"サイズの小さい自動車"の運転ができる。

ただし、大型免許、中型免許（大型免許を現に受けている者を除く）、準中型免許（大型免許又は中型免許を現に受けている者を除く）を受けた者で、**21歳に満たない者**又は大型免許、中型免許、準中型免許、普通免許若しくは大型特殊免許の**いずれかを受けていた期間**（当該免許の効力が停止されていた期間を除く）**が通算して3年に達しない者**は、政令で定める大型自動車、中型自動車又は準中型自動車を運転することはできない。

 ちょこっとアドバイス!!

上記の話は道交法第85条5項以降で細かく規定されており、ここでは試験に必要な範囲で簡略化して述べている。細かい部分まで覚える必要はないが、これを知っておかないと、問題文を見て悩んでしまうためだ。試験対策上は、**基本的には、取得した免許より"サイズの小さい自動車"の運転も可能**だけれども、**年齢等での制限もある**…という程度の認識でよい。

CHECK **2　各自動車の区分（道交法施行規則第2条）**

道交法における各自動車は、車両総重量、最大積載量及び乗車定員によって、次の図のように区分される。

■ 各自動車の区分 ■

種　類	車両総重量	最大積載量	乗車定員	免許の種類
大型自動車	11トン以上	6.5トン以上	30人以上	大型免許
中型自動車	11トン未満 7.5トン以上	6.5トン未満 4.5トン以上	11人以上 29人以下	中型免許
準中型自動車	7.5トン未満 3.5トン以上	4.5トン未満 2トン以上	10人以下	準中型免許
普通自動車	3.5トン未満	2トン未満	10人以下	普通免許

ちょこっとアドバイス‼

前ページの「各自動車の区分」については、たまに出題される程度だが、覚えておかないと出題時は対応できない。また、第 5 章の「実務上の知識」の分野において出題される事例問題を解く前提として必要になることもあるので、できることならば覚えておきたい。

なお、**準中型自動車（免許）**という区分は「**道交法**」の世界の話であり、第 1 章と第 2 章で解説した「**貨運法**」や「**車両法**」における自動車の種別は、別の話かつ従来のままである。つまり、この区分は「道交法」の問題（第 5 分野での出題も含む）を解く場合にのみ使う区分なのだ。この点も注意しておくこと。

□ CHECK **3　免許証の有効期間の更新（道交法第 101 条）**

　免許証の有効期間の更新（免許証の更新）を受けようとする者は、道交法第 101 条の 2 第 1 項に規定される場合を除き、当該免許証の**有効期間が満了する日の直前のその者の誕生日の 1 ヵ月前**から当該免許証の有効期間が満了する日までの間（更新期間）に、その者の住所地を管轄する公安委員会に内閣府令で定める様式の更新申請書を提出しなければならない。

□ CHECK **4　準中型自動車への初心運転者標識（道交法第 71 条の 5）**

　準中型自動車免許を受けた者で、当該免許を受けていた期間（当該免許の効力が停止されていた期間を除く）が通算して **1 年に達しない者**は、原則として、内閣府令で定めるところにより準中型自動車の前面及び後面に内閣府令で定める様式の標識（初心運転者標識）を付けないで、準中型自動車を運転してはならない。

　ただし、当該準中型免許を受けた日前 **6 ヵ月以内**に、準中型自動車免許を受けていたことがある者や、**普通自動車免許**を現に受けており、かつ、現に受けている**準中型自動車免許**を受けた日前に当該普通自動車免許を受けていた期間（当該免許の効力が停止されていた期間を除く）が通算して **2 年以上**である者などは、初心運転者標識を付けなくてもよい。

5 免許の取消し、停止（道交法第 103 条）

免許（仮免許を除く）を受けた者が次のいずれかに該当することとなったときは、**公安委員会**は、その者の免許を**取り消し**、又は **6 ヵ月**を超えない範囲内で期間を定めて免許の効力を**停止**することができる。

┌─ **免許取消し・免許停止事由** ─────────────────┐

①次の病気にかかっている者であることが判明したとき

 イ　**幻覚**の症状を伴う**精神病**であって政令で定めるもの
 ロ　発作により**意識障害**又は**運動障害**をもたらす病気や、安全な運転に支障を及ぼすおそれのある病気として政令で定めるもの

②**認知症**であることが判明したとき

③**目が見えないこと**等、安全な運転に支障を及ぼすおそれがある身体の障害として政令で定めるものが生じている者であることが判明したとき

④**アルコール、麻薬、大麻、あへん又は覚醒剤の中毒者**であることが判明したとき

⑤運転することが著しく道路における**交通の危険**を生じさせることがあるとき

⑥自動車等の運転に関し**道交法**若しくは同法に基づく命令の規定又は同法の規定に基づく処分に**違反**したとき　—など

└──────────────────────────────────────┘

また、免許を受けた者が次のいずれかに該当することとなったときは、**公安委員会**は、その者の免許を**取り消す**ことができる（免許の停止はできない）。

┌─ **主な免許取消し事由** ─────────────────┐

①自動車等の運転により**人を死傷**させ、又は故意に**建造物**を**損壊**させる行為をしたとき

②**危険運転致死傷罪**に当たる行為をしたとき

③**酒気帯び運転**などをしたとき

④交通事故があった場合に、**負傷者の救護等**の義務を行わなかったとき

└──────────────────────────────────────┘

CHECK □　6　免許の効力の仮停止（道交法第 103 条の 2）

　免許を受けた者が自動車等の運転に関し次のいずれかに該当することとなったときは、その者が当該交通事故を起こした場所を管轄する**警察署長**は、その者に対し、当該交通事故を起こした日から起算して 30 日を経過する日を終期とする**免許の効力の停止**（以下「**仮停止**」という）をすることができる。

　警察署長は、仮停止をしたときは、当該処分をした日から起算して **5 日以内**に、当該処分を受けた者に対し**弁明の機会**を与えなければならない。

免許の仮停止事由

①交通事故を起こして人を死亡させ、又は傷つけた場合に、**負傷者の救護等の義務**を行わなかったとき

②**酒気帯び運転**などによって交通事故を起こして人を**死亡**させ、又は傷つけたとき　―など

　免許の仮停止期間は「**30 日**」である。また、**免許の仮停止事由の②**については、酒気帯び運転のみでは足りず、それにより人を死傷させることが要件となる。

過去問にチャレンジ！

①　大型免許を受けた者であって、21 歳以上かつ普通免許を受けていた期間（当該免許の効力が停止されていた期間を除く。）が通算して 3 年以上のものは、車両総重量が 11,000 キログラム以上のもの、最大積載量が 6,500 キログラム以上のもの又は乗車定員が 30 人以上の大型自動車を運転することができる。

📖○　本問の自動車は大型自動車である（138 ページの「■各自動車の区分■」参照）。そして、大型免許を受けた者で、21 歳以上であり、普通免許を受けていた期間が通算して 3 年以上あるので、大型自動車を運転することができる。

②　運転免許証の有効期間の更新期間は、道路交通法第 101 条の 2 第 1 項に規定する場合を除き、更新を受けようとする者の当該免許証の有効期間が満了する日の直前のその者の誕生日の 1 ヵ月前から当該免許証の有効期間が満了する日までの間である。

📖○　道交法第 101 条第 1 項のとおりである。

8

運転免許等

③　準中型免許を受けた者であって、21歳以上かつ普通免許を受けていた期間（当該免許の効力が停止されていた期間を除く。）が通算して3年以上のものは、車両総重量が7,500キログラム以上11,000キログラム未満のもの、最大積載量が4,500キログラム以上6,500キログラム未満の準中型自動車を運転することができる。

答✕　本問の自動車は中型自動車であり（138ページの「■各自動車の区分■」参照）、準中型自動車ではない。

④　免許を受けた者が自動車等の運転に関し、酒気を帯びて車両を運転し、その運転をした場合において酒に酔った状態（アルコールの影響により正常な運転ができないおそれがある状態。）であった者が、交通事故を起こしたときは、当該交通事故の発生場所を管轄する警察署長は、事故による死者又は負傷者がない場合であっても、その者に対し、免許の効力の仮停止をすることができる。

答✕　酒気帯び運転によって交通事故を起こし、事故による死者又は負傷者がいない場合、免許の仮停止をすることができない。

⑤　免許を受けた者が自動車等の運転に関し、当該自動車等の交通による人の死傷があった場合において、道路交通法第72条（交通事故の場合の措置）第1項前段の規定（交通事故があったときは、直ちに車両等の運転を停止して、負傷者を救護し、道路における危険を防止する等必要な措置を講じなければならない。）に違反したときは、その者が当該違反をしたときにおけるその者の住所地を管轄する公安委員会は、その者の免許を取り消すことができる。

答○　道交法第103条第2項第4号のとおりである。

⑥　免許を受けた者が自動車等を運転することが著しく道路における交通の危険を生じさせるおそれがあるときは、その者の住所地を管轄する公安委員会は、点数制度による処分に至らない場合であっても運転免許の停止処分を行うことができる。

答○　道交法第103条第1項第8号のとおりである。なお、本問の場合や140ページで紹介したもの以外の免許停止事由として「重大違反唆し等をしたとき」というものもあるが、「唆し」とは、重大な違反行為を行うように働きかける行為を意味する。

ROAD 9　自動車の使用者に対する通知

重要度

合格への道　5回に1回くらいの頻度だが、条文がほぼそのまま出題され、空欄部分に当てはまる語句を問う問題が出題される。下記の説明の赤字のところをしっかり押さえておこう。

CHECK ☐　使用者に対する通知（道交法第108条の34）

　車両等の運転者が道交法若しくは同法に基づく命令の規定又は同法の規定に基づく**処分に違反**した場合で、当該違反が当該違反に係る車両等の**使用者**の**業務**に関してなされたものであると認めるときは、**公安委員会**は、当該車両等の使用者が道路運送法の規定による自動車運送事業者、貨物利用運送事業法の規定による第二種貨物利用運送事業を経営する者等であるときは当該事業者及び当該事業を監督する行政庁に対し、当該車両等の使用者がこれらの事業者以外の者であるときは当該車両等の使用者に対し、当該違反の内容を通知するものとする。

─────────《 過去問にチャレンジ！ 》─────────

車両等の運転者が道路交通法に定める規定に違反した場合等の措置についての次の文中、A、B、C、Dに入るべき字句としていずれか正しいものを1つ選びなさい。

　車両等の運転者が道路交通法若しくはこの法律に基づく命令の規定又はこの法律の規定に基づく ┃ A ┃ した場合において、当該違反が当該違反に係る車両等の ┃ B ┃ の業務に関してなされたものであると認めるときは、公安委員会は、内閣府令で定めるところにより、当該車両等の使用者が道路運送法の規定による自動車運送事業者、貨物利用運送事業法の規定による第二種貨物利用運送事業を経営する者又は軌道法の規定による軌道の事業者であるときは当該事業者及び ┃ C ┃ に対し、当該車両等の使用者がこれらの事業者以外の者であるときは当該車両等の使用者に対し、当該 ┃ D ┃ を通知するものとする。

A　1. 処分に違反　　　　　　　　2. 条件に違反
B　1. 所有者　　　　　　　　　　2. 使用者
C　1. 当該事業を監督する行政庁　2. 当該事業所の運行管理者
D　1. 違反の内容　　　　　　　　2. 処分の理由

圏 A：1　B：2　C：1　D：1　上記の道交法第108条の34参照。

道路標識に関する命令等

出題頻度は高くなく、イメージもしやすいと思うので、他の項目をしっかり押さえた後、試験直前にさっと学習すると効率的である。

CHECK ☐ 道路標識に関する命令

次の道路標識について、その指示内容をしっかり押さえておこう。

道路標識	指示内容
青 追越し禁止	自動車は、他の自動車（軽車両を除く）を追越してはならない。
青 5.5 t	車両総重量が 5,500 キログラムを超える自動車は通行できない。
青 50 大　貨	大型貨物自動車は、時速 50 キロメートルを超える速度で進行してはならない。
青 3.3 m	標識の高さ制限を超える車両は通行できない。 （積載した荷物の高さを含む）

 青	指定方向外進行禁止。車両は、指定された方向以外の方向に進行してはならない。 左図の場合、**大型貨物自動車等**は右折することができない（※）。
	道路における車両の進行につき、**一定の方向にする**通行が禁止される道路において、車両がその禁止される方向に向かって**進入**することができない。
 青	車両は**横断**（道路外の施設又は場所に出入りするための左折を伴う横断を除く）することができない。
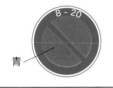 青	車両は、8時から20時までの間は**駐車**してはならない。 ⇒「駐停車」禁止ではないので注意する。なお、「停車」のみを禁止する道路標識は**ない**。
緑  黄	自動車を運転する場合において、この標識が表示されている自動車は、聴覚障害のあることを示している。 ⇒危険防止のためやむを得ない場合を除き、進行する当該車両へ側方の幅寄せ、割込みをしてはならない。
 青	大型貨物自動車等は通行できない（※）。

ポイント　（※）の標識に示されているトラックは、**標識の下に「積 4t」といった補助標識が付いていない限り、車両総重量 8,000 キログラム以上、又は最大積載量 5,000 キログラム以上**の貨物自動車を示すので、注意。

10

道路標識に関する命令等

次の説明と標識が正しいものには○を、誤りには×をつけよ。

[1]　車両総重量が 5,500 キログラムの車両は通行することができる。

圏○　144 ページの説明参照。

[2]　**車両総重量が 7,980 キログラム、最大積載量が 4,000 キログラムの中型自動車は通行することができない。**

圏×　この標識に示されているトラックは、標識の下に補助標識が付いていない限り、車両総重量 8,000 キログラム以上、又は最大積載量 5,000 キログラム以上の貨物自動車を示す。車両総重量 7,980 キログラム、最大積載量 4,000 キログラムの貨物自動車ならば通行することができるので、誤り。

[3]　**車両は、横断（道路外の施設又は場所に出入するための左折を伴う横断を除く。）することができない。**

圏○　145 ページの説明参照。

[4]　**車両は、8 時から 20 時までは進入することができない。**

圏○　145 ページの説明参照。なお、本問のような補助標識が付いている場合、その時間内のみの限定を意味する。

[5]　**下の道路標識は「車両は、8 時から 20 時までの間は停車してはならない。」ことを示している。**

圏×　停車ではなく、駐車してはならないことを示している。

第4章

労基法関係

ROAD 1 労働条件

重要度

> **合格への道**　労働条件については、ここで紹介する規定のいずれかが選択肢単位で出題される。特に「1 労働条件の原則」は頻出だが、どれが出題されても易しい問題だけに落とすと痛い。

労基法第1条～第7条の労働条件等に関する内容は、以下のとおりである。

CHECK □ 1 労働条件の原則（労基法第1条）

労働条件は、労働者が人たるに値する生活を営むための必要を充たすべきものでなければならない。

そして、**労基法で定める労働条件の基準は**最低のものであり、労働関係の当事者は、労働条件がこの基準を上回っていたとしても、**この基準を理由として労働条件を低下させてはならない**ことはもとより、その向上を図るように努めなければならない。

また、**当事者間の合意があったとしても**、**この基準を下回る労働条件とすることはできない**。労基法で規定された労働条件は、あくまでも最低（限）のものである以上、当事者間の合意でもこれを低下させることはできない。

> **ポイント 〈「努めなければならない」で終わるのはココだけ！〉**
> 上記の労働条件の向上等を図る規定の最後は「努めなければならない」という努力義務（できる限りそうしなさいという規定方法）となっているが、この148～149ページで紹介するその他の規定はすべて「しなければならない」や「してはならない」という規定方法である。すぐ下の「2 労働条件の決定」について、問題文の語尾が「努めなければならない」とされて出題されたケースもあるので、注意しておこう。

CHECK □ 2 労働条件の決定（労基法第2条）

労働条件は、労働者と使用者が、対等の立場において決定すべきものである。

労働者及び使用者は、労働協約、就業規則及び労働契約を遵守し、**誠実に各々その義務を履行しなければならない**。

CHECK □ 3　均等待遇（労基法第3条）

　使用者は、労働者の国籍、信条又は社会的身分を理由として、賃金、労働時間その他の労働条件について、差別的取扱いをしてはならない。

CHECK □ 4　男女同一賃金の原則（労基法第4条）

　使用者は、労働者が女性であることを理由として、賃金について、男性と差別的取扱いをしてはならない。

CHECK □ 5　強制労働の禁止（労基法第5条）

　使用者は、暴行、脅迫、監禁その他精神又は身体の自由を不当に拘束する手段によって、労働者の意思に反して労働を強制してはならない。

> **ポイント**　〈強制労働は努力義務ではなく罰則の適用〉
> 　使用者は、労働者の意思に反する労働の強制を絶対にしてはならないのであって、これは単なる努力義務にとどまらない。労働者の意思に反する労働を強制した場合には、罰則も適用される。

CHECK □ 6　中間搾取の排除（労基法第6条）

　何人も、法律に基づいて許される場合のほか、業として他人の就業に介入して利益を得てはならない。

CHECK □ 7　公民権行使の保障（労基法第7条）

　使用者は、労働者が労働時間中に、選挙権その他公民としての権利を行使し、又は公の職務を執行するために必要な時間を請求した場合には、拒んではならない。

　ただし、権利の行使又は公の職務の執行に妨げがない限り、請求された時刻を変更することができる。

> **補足**　公民権とは、選挙権や被選挙権（立候補する権利）をイメージすればよい。要するに、選挙（投票）するために必要な時間を請求した場合、使用者は、原則として、拒んではならない。

1 労働条件

① 労働条件は、労働者が人たるに値する生活を営むための必要を充たすべきものでなければならない。

☒○ 労基法第1条のとおりである。

② 労働基準法で定める労働条件の基準は最低のものであるから、労働関係の当事者は、この基準を理由として労働条件を低下させてはならないことはもとより、その向上を図るように努めなければならない。

☒○ 労基法第1条のとおりである。

③ 労働条件は、労働者と使用者が、対等の立場において決定すべきものである。労働者及び使用者は、労働協約、就業規則及び労働契約を遵守し、誠実に各々その義務を履行するよう努めなければならない。

☒× 使用者だけではなく労働者も、労働協約、就業規則等を遵守し、誠実にその義務を履行しなければならない。努めればよいわけではない。

④ 使用者は、労働者の国籍、信条又は社会的身分を理由として、賃金、労働時間その他の労働条件について、差別的取扱いをしてはならない。

☒○ 労基法第3条のとおりである。

⑤ 使用者は、暴行、脅迫、監禁その他精神又は身体の自由を不当に拘束する手段によって、労働者の意思に反して労働を強制しないように努めなければならない。

☒× 労働者の意思に反する労働の強制禁止は、単なる努力義務にとどまらない絶対的義務である。

⑥ 使用者は、労働者が労働時間中に、選挙権その他公民としての権利を行使し、又は公の職務を執行するために必要な時間を請求した場合においては、拒んではならない。

☒○ 労基法第7条のとおりである。

定義

合格への道　定義に関する問題は、4回に1回くらいの割合で出題されており、各用語の定義を正確に押さえておく必要がある。出題パターンは、選択肢の1つとして問われるというものであり、難度は低い。

CHECK □ 定義（労基法第9条〜第12条）

本試験でよく問われる主な用語の定義は、次のとおり。

■ 主な用語の定義 ■

用語	定義
労働者	職業の種類を問わず、**事業又は事務所に使用される者**で、賃金を支払われる者
使用者	**事業主又は事業の経営担当者**その他その事業の労働者に関する事項について、事業主のために行為をするすべての者
賃金	賃金、給料、手当、賞与その他名称の如何を問わず、**労働の対償として使用者が労働者に支払うすべてのもの**
平均賃金	これを算定すべき事由の発生した日以前3ヵ月間にその労働者に対し支払われた**賃金の総額**を、その期間の**総日数**で除した金額

ポイント 〈平均賃金の計算式は覚えよう！〉

平均賃金は、過去3ヵ月間の賃金の総額をその期間の総日数で除した金額であることに注意。よくヒッカケとして「総日数」を「所定労働日数」で除した金額と文章が変えられて出題される。

$$平均賃金 = \frac{賃金総額（過去3ヵ月間）}{総日数（過去3ヵ月間）}$$

割る日数は「所定労働日数」ではない！

① 労働者とは、職業の種類を問わず、事業又は事務所に使用される者で、賃金を支払われる者をいう。

答〇 労基法第9条のとおりである。

② 使用者とは、事業主又は事業の経営担当者その他その事業の労働者に関する事項について、事業主のために行為をするすべての者をいう。

答〇 労基法第10条のとおりである。

③ 平均賃金とは、これを算定すべき事由の発生した日以前3ヵ月間にその労働者に対し支払われた賃金の総額を、その期間の所定労働日数で除した金額をいう。

答× 「所定労働日数」ではなく、「総日数」で除した金額である。

④ 賃金とは、賃金、給料、手当、賞与その他名称の如何を問わず、労働の対償として使用者が労働者に支払うすべてのものをいう。

答〇 労基法第11条のとおりである。

 ちょこっとアドバイス!!

平均賃金の定義の問題が出てきたら、まっさきに「所定労働日数」という言葉を探してよい。この言葉があれば、それだけでその選択肢は誤っている。そして、もしその問題が「誤っているものを1つ」選ぶ問題であれば、その時点でその問題は正解できることになる。ちなみに、ここの正しい語句は「総日数」であるが、ここが「総日数」となっている場合、そのままその選択肢は正しいケースばかりが出題されている。

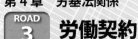
労働契約

重要度

労働契約は、2回に1回くらいの頻度で出題されるが、選択肢単位での出題が多く、難度も低い。ROAD1・2とセットで学習するのが効率的である。

CHECK □ 1　労基法違反の契約（労基法第13条）

　労基法で定める基準に達しない労働条件を定める労働契約は、その部分については無効とする。この場合、無効となった部分は、労基法で定める基準による。

> **ポイント** 労基法で定める基準に達しない労働条件を定める労働契約は、直ちに全体として無効になるわけではなく、基準に達しない部分のみが無効になることに注意。

CHECK □ 2　労働契約の期間（労基法第14条）

　労働契約は、期間の定めのないものを除き、一定の事業の完了に必要な期間を定めるもののほかは、3年（労基法第14条第1項各号に該当する労働契約については5年）を超える期間について締結してはならない。

　なお、労基法第14条第1項各号に該当する労働契約とは、厚生労働大臣が定める基準に該当する専門的知識等を有する労働者や満60歳以上の労働者との間に締結される労働契約を意味するが、この意味が問われたことはない。

CHECK □ 3　労働条件の明示（労基法第15条）

　使用者は、労働契約の締結に際し、労働者に対して賃金、労働時間その他の労働条件を明示しなければならない。この場合、賃金及び労働時間に関する事項その他の厚生労働省令で定める事項については、厚生労働省令で定める方法により明示しなければならない。

　この明示された労働条件が事実と相違する場合には、労働者は、即時に労働契約を解除することができる。

CHECK 4　賠償予定の禁止等（労基法第16条、第17条）

使用者は、労働契約の不履行について違約金を定め、又は損害賠償額を予定する契約をしてはならない。仮に**労働者の同意があったとしても、契約してはならない。**

また、使用者は、前借金その他労働することを条件とする前貸の債権と賃金を相殺してはならない。

CHECK 5　強制貯金（労基法第18条）

使用者は、労働契約に附随して貯蓄の契約をさせ、又は貯蓄金を管理する契約をしてはならない。ただし、労働者の委託があれば、貯蓄金の管理をすることができる（社内預金など）。

使用者は、労働者の貯蓄金をその委託を受けて管理しようとする場合には、当該事業場に、労働者の過半数で組織する労働組合があるときはその労働組合、労働者の過半数で組織する労働組合がないときは労働者の過半数を代表する者との書面による協定をし、これを行政官庁に届け出なければならない。

───────────┤過去問にチャレンジ！├───────────

① 労働契約は、期間の定めのないものを除き、一定の事業の完了に必要な期間を定めるもののほかは、2年（法第14条（契約期間等）第1項各号のいずれかに該当する労働契約にあっては、5年）を超える期間について締結してはならない。

㊞× 労働契約は、原則として、3年を超える期間について締結してはならない。

② 使用者は、労働者の同意が得られた場合においては、労働契約の不履行についての違約金を定め、又は損害賠償額を予定する契約をすることができる。

㊞× 労働者の同意を得た場合でも、労働契約の不履行についての違約金を定めたり、損害賠償額を予定する契約をしてはならない。

③ 使用者は、労働契約の締結に際し、労働者に対して賃金、労働時間その他の労働条件を明示しなければならない。この明示された労働条件が事実と相違する場合においては、労働者は、即時に労働契約を解除することができる。

㊞○ 労基法第15条のとおりである。

ROAD 4 解雇、退職

重要度

合格への道 全体として出題頻度は低いが「1　解雇の制限」と「2　解雇の予告」は2回に1回くらいの頻度で出題されているところである。「○○日」という日数部分に注意しよう。

CHECK ☐

1　解雇の制限（労基法第19条）

　使用者は、**労働者が業務上負傷**し、又は**疾病にかかり療養のために休業する期間及びその後30日間**ならびに**産前産後の女性**が労基法第65条の規定によって**休業する期間及びその後30日間**は、**解雇してはならない。**

　ただし、使用者が、労基法第81条の規定によって**打切補償を支払う場合**又は**天災事変その他やむを得ない事由**のために**事業の継続が不可能**となった場合は、この限りでない。

　つまり、使用者は、**労働者が仕事で負傷**したり、**病気で休んだ期間、産前産後のお休みをする期間とこれらの後30日間**は、**解雇**できない。疾病等で休んだことを理由に解雇されてしまうと、体調が悪いのに無理して仕事をしてしまうことになるからだ。

　しかし、業務上の負傷・疾病に対する療養の補償後、長期間たっても回復しない場合で、打切補償を行ったケースや、天災等により経営が立ち行かなくなったような場合にまで、解雇制限を貫くのは使用者に酷なので、**例外も定められている**ということである。

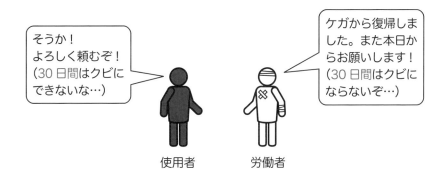

そうか！
よろしく頼むぞ！
（30日間はクビに
できないな…）

ケガから復帰しました。また本日からお願いします！
（30日間はクビにならないぞ…）

使用者　　　労働者

2　解雇の予告（労基法第 20 条、第 21 条）

　使用者は労働者を**解雇しようとする場合**には、少なくとも 30 日前にその**予告をしなければならない**のが原則である。

　ただし、この 30 日前の**解雇予告をせずに**、労働者を解雇することも例外的に認められている。この場合、使用者は 30 日分以上の**平均賃金**を支払わなければならない。

　なお、この解雇の予告に関する規定は、「**日日雇い入れられる者**」、「**2 ヵ月以内の期間を定めて使用される者**」、「**季節的業務に 4 ヵ月以内の期間を定めて使用される者**」又は「**試の使用期間中の者**」については、それぞれ法に定める所定の期間を超えて、引き続き使用されるに至った場合を除き、**適用されない**。

　また、**天災事変**などやむを得ない事由のために事業の継続が不可能となった場合や、労働者の責に帰す事由で解雇する場合は、上記の**予告や平均賃金の支払なくして解雇できる**。

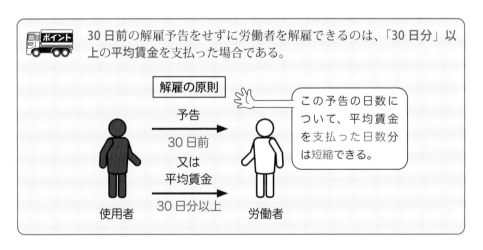

ポイント　30 日前の解雇予告をせずに労働者を解雇できるのは、「30 日分」以上の平均賃金を支払った場合である。

解雇の原則

予告
30 日前
又は
平均賃金
30 日分以上

使用者　労働者

この予告の日数について、平均賃金を支払った日数分は短縮できる。

3　退職時等の証明（労基法第 22 条）

　労働者が、退職の場合において、使用期間、業務の種類、その事業における地位、賃金又は退職の事由（退職の事由が解雇の場合には、その理由を含む）について証明書を請求した場合には、使用者は、遅滞なくこれを交付しなければならない。

4　金品の返還（労基法第 23 条）

　使用者は、労働者の死亡又は退職の場合において、権利者の請求があった場合には、7 日以内に賃金を支払わなければならないほか、積立金、保証金、貯蓄金その他名称の如何を問わず、労働者の権利に属する金品を返還しなければならない。

ポイント　〈金品の返還は 7 日以内〉
　　使用者は、権利者の請求があった場合には「7 日以内」に賃金を支払わなければならない。

過去問にチャレンジ！

① 　使用者は、労働者が業務上負傷し、又は疾病にかかり療養のために休業する期間及びその後 30 日間並びに産前産後の女性が法第 65 条（産前産後）の規定によって休業する期間及びその後 30 日間は、解雇してはならない。ただし、法第 81 条の規定によって打切補償を支払う場合又は天災事変その他やむを得ない事由のために事業の継続が不可能となった場合においては、この限りでない。

答○　労基法第 19 条のとおりである。

② 　使用者は、労働者を解雇しようとする場合においては、少くとも 30 日前にその予告をしなければならない。30 日前に予告をしない使用者は、30 日分以上の平均賃金を支払わなければならない。但し、天災事変その他やむを得ない事由のために事業の継続が不可能となった場合又は労働者の責に帰すべき事由に基いて解雇する場合においては、この限りでない。

答○　労基法第 20 条のとおりである。

③ 　使用者は、労働者の死亡又は退職の場合において、権利者の請求があった場合においては、30 日以内に賃金を支払い、積立金、保証金、貯蓄金その他名称の如何を問わず、労働者の権利に属する金品を返還しなければならない。

答×　「30 日以内」は「7 日以内」の誤りである。

ROAD 5　賃金

> **合格への道**　賃金はあまり出題されない項目であるが、非常時払、休業手当、割増賃金は、比較的出題されるので、この 3 つはしっかり押さえておくこと。

CHECK□　1　賃金支払の原則（労基法第 24 条）

　賃金は、毎月 1 回以上、一定の期日を定めて支払わなければならない。ただし、臨時に支払われる賃金、賞与その他これに準ずるもので厚生労働省令で定める賃金については、この限りでない。

CHECK□　2　非常時払（労基法第 25 条）

　使用者は、労働者が出産、疾病、災害その他厚生労働省令で定める非常の場合の費用に充てるために請求する場合には、支払期日前でも、既往（きおう）の労働に対する賃金を支払わなければならない。

> **ポイント**　〈受け取れるのは既往の労働分〉
> 　出産等の非常時には、労働者は既往の労働に対する賃金を全額受け取ることができることに注意。

CHECK□　3　休業手当（労基法第 26 条）

　使用者の責に帰すべき事由による休業の場合には、使用者は、休業期間中当該労働者に、その平均賃金の 100 分の 60 以上の手当を支払わなければならない。

> **ポイント**　〈使用者の責に帰すべき事由による休業手当〉
> 　休業手当は平均賃金の「100 分の 60 以上」であることをしっかり押さえよう。

非常時 → 働いた全額

休業時 → 平均賃金の 60％以上

CHECK□　4　出来高払制の保障給（労基法第 27 条）

　出来高払制その他の請負制で使用する労働者については、使用者は、労働時間に応じ一定額の賃金の保障をしなければならない。

CHECK
☐ **5　時間外、休日及び深夜の割増賃金（労基法第 37 条）**

（1）時間外労働、休日労働の割増賃金

　使用者が、労基法の規定により労働時間を延長し（時間外労働）、又は休日に労働させた（休日労働）場合には、その時間又はその日の労働については、通常の労働時間又は労働日の賃金の計算額の 2 割 5 分以上 5 割以下の範囲内でそれぞれ政令で定める率[※]以上の率で計算した割増賃金を支払わなければならない。

　ただし、当該延長して労働させた時間が 1 ヵ月について 60 時間を超えた場合には、その超えた時間の労働については、通常の労働時間の賃金の計算額の 5 割以上の率で計算した割増賃金を支払わなければならない。

（2）深夜労働の割増賃金

　使用者が、午後 10 時から午前 5 時までの間に労働させた（深夜労働）場合には、その時間の労働については、通常の労働時間の賃金の計算額の 2 割 5 分以上の率で計算した割増賃金を支払わなければならない。

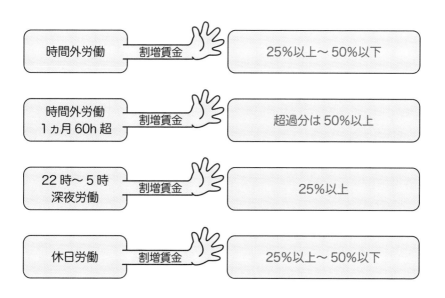

5
賃金

　※政令では、休日労働についての割増賃金率の最低率は 35％と規定されているが、本試験では 25％～ 50％を基準として出題されている（次ページ問題5参照）。

① 賃金は、臨時に支払われる賃金、賞与その他これに準ずるもので厚生労働省令で定める賃金を除き、毎月1回以上、一定の期日を定めて支払わなければならない。

答○　労基法第24条のとおりである。

② 使用者は、労働者が出産、疾病、災害その他厚生労働省令で定める非常の場合の費用に充てるために請求する場合においては、支払期日前であっても、当該労働者に1ヵ月分の平均賃金を支払わなければならない。

答×　「1ヵ月分の平均賃金」ではなく、「既往の労働に対する賃金」を全額支払わなければならない。

③ 使用者の責に帰すべき事由による休業の場合においては、使用者は、休業期間中当該労働者に、その平均賃金の100分の80以上の手当を支払わなければならない。

答×　「100分の80以上」は「100分の60以上」の誤りである。

④ 出来高払制その他の請負制で使用する労働者については、使用者は、労働時間にかかわらず一定額の賃金の保障をしなければならない。

答×　労働時間に応じて、一定額の賃金の保障をしなければならない。

⑤ 使用者が、法令の規定により労働時間を延長し、又は休日に労働させた場合においては、その時間又はその日の労働については、通常の労働時間又は労働日の賃金の計算額の2割5分以上5割以下の範囲内でそれぞれ政令で定める率以上の率で計算した割増賃金を支払わなければならない。ただし、当該延長して労働させた時間が1ヵ月について60時間を超えた場合においては、その超えた時間の労働については、通常の労働時間の賃金の計算額の5割以上の率で計算した割増賃金を支払わなければならない。

答○　労基法第37条のとおりである。

休憩、休日、年次有給休暇等

重要度

合格への道　休憩、休日、年次有給休暇はほぼ毎回出題されている最重要項目の1つである。ポイントで示した数字部分に特に注意すること。

CHECK ☐

1　労働時間（労基法第 32 条、第 32 条の 2、第 36 条）

使用者は、原則として、労働者に、休憩時間を除き **1 週間について 40 時間を超えて、労働させてはならない**。また、1 週間の各日については、休憩時間を除き **1 日について 8 時間を超えて、労働させてはならない**。なお、**労働時間に関する規定の適用**は、**事業場を異にする場合**でも通算する。

┌─ 労働時間（原則）────────────────────────┐
・1 週間について→ **40 時間**まで。
・1 日について→ **8 時間**まで。ただし、**休憩時間を除く**。
└──────────────────────────────────┘

ただし、事業場に、**労働者の過半数で組織する労働組合**がある場合においてはその労働組合、労働組合がない場合は**労働者の過半数を代表する者**との**書面による協定**を行い、使用者がその協定を**行政官庁に届け出た場合**、又は就業規則等によって、1 ヵ月以内の一定の期間を平均して、1 週間当たりの労働時間が所定の労働時間（1 週間につき 40 時間）を超えない定めをしたときは、上記の**法定労働時間を超えて、また休日に、労働させることができる**。

なお、坑内労働や法令上、**健康上特に有害**と定められている**業務の労働時間の延長**は、**1 日について 2 時間を超えてはならない**。

┌─ ポイント ──────────────────────────┐
もし使用者が、絶対に 1 日 8 時間を超えた労働をさせてはならないとなると、実務上問題がある。そこで、一定の場合は、法定労働時間を延長し、休日に労働させることが可能だが、いかなる場合にそれが可能になるのかがポイントである。それは、**労働者の過半数で組織する労働組合**か、その労働組合がない場合は、**労働者の過半数を代表する者**との書面による協定を行っておくか（行政官庁への届出が必要）、就業規則等で、1 ヵ月の労働時間を平均し、1 週間につき 40 時間以内の労働となる定めをしておけば、労働時間が 40 時間を超える週や、8 時間を超える日があっても労基法違反とならない。
└──────────────────────────────────┘

また、**使用者は、法令に定める時間外、休日労働の協定をする場合**には、時間外又は休日の労働をさせる必要のある具体的事由、業務の種類、労働者の数並びに1日及び1日を超える一定の期間についての延長することができる時間又は労働させることができる休日について、**協定しなければならない**。

2　災害等による臨時の時間外労働（労基法第33条）

災害その他避けることのできない事由によって、臨時の必要がある場合、**使用者は、行政官庁の許可を受けて、その必要の限度において、法定労働時間を延長し、又は休日に労働させることができる**。

なお、事態急迫（とても急ぎ）のために、行政官庁の許可を受ける暇がない場合、**事後に遅滞なく届け出なければならない**。この届出があった場合において、行政官庁がその労働時間の延長又は休日の労働を不適当と認めるときは、その後にその時間に相当する休憩又は休日を与えるべきことを、命ずることができる。

3　休憩（労基法第34条）

使用者は、少なくとも次の休憩時間を労働時間の途中に与えなければならない。

> **休憩時間**
> ・労働時間が6時間を超える場合→45分
> ・労働時間が8時間を超える場合→1時間

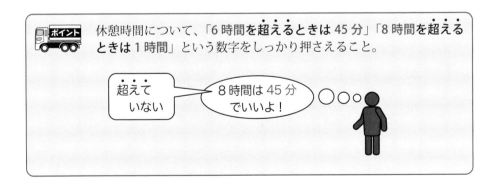

ポイント　休憩時間について、「6時間を超えるときは45分」「8時間を超えるときは1時間」という数字をしっかり押さえること。

超えていない　→　8時間は45分でいいよ！　○○○

CHECK □　4　休日（労基法第 35 条）

使用者は、4 週間を通じ 4 日以上の休日を与える場合を除き、労働者に対して、毎週少なくとも 1 回の休日を与えなければならない。

> **🚚 ポイント**　現在、多くの企業で週休 2 日制が採用されているが、労基法上の最低条件は週休 1 日（原則）である。

■ 休日付与の例 ■

毎週1回（4日）の休日例			
日月火水木金土	日月火水木金土	日月火水木金土	日月火水木金土
休	休	休	休
4週4回（4日）の休日例			
日月火水木金土	日月火水木金土	日月火水木金土	日月火水木金土
休休		休休	

CHECK □　5　年次有給休暇（労基法第 39 条）

使用者は、その雇入れの日から起算して 6 ヵ月間継続勤務し、全労働日の 8 割以上出勤した労働者に対して、継続し、又は分割した 10 労働日の有給休暇を与えなければならない。

ただし、1 週間の所定労働日数が相当程度に少ない労働者等は除かれる（同条第 3 項）。

> **🚚 ポイント**　〈年休取れる条件は 6・8・10 で覚えよう〉
> 「10 労働日」の年次有給休暇が与えられるのは、雇入れの日から起算して「6 ヵ月間」継続勤務し、全労働日の「8 割以上」出勤した場合である。

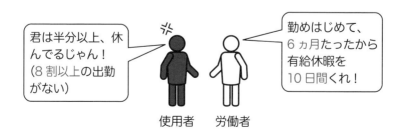

6

休憩、休日、年次有給休暇等

① 使用者は、当該事業場に、労働者の過半数で組織する労働組合がある場合においてはその労働組合、労働者の過半数で組織する労働組合がない場合においては使用者が指名する労働者との書面による協定をし、これを行政官庁に届け出た場合においては、法定労働時間又は法定休日に関する規定にかかわらず、その協定で定めるところによって労働時間を延長し、又は休日に労働させることができる。

答× その事業場に労働組合がない場合、労働者の過半数を代表する者との書面による協定を行い、これを行政官庁に届け出た場合に、本問のような労働時間の延長や、休日労働をさせることができる。

② 使用者は、災害その他避けることのできない事由によって、臨時の必要がある場合においては、行政官庁の許可を受けて、その必要の限度において労働時間を延長し、又は休日に労働させることができる。ただし、事態急迫のために行政官庁の許可を受ける暇がない場合においては、事後に遅滞なく届け出なければならない。

答○ 労基法第33条のとおりである。

③ 使用者は、労働時間が6時間を超える場合においては少なくとも45分、8時間を超える場合においては少なくとも1時間の休憩時間を労働時間の途中に与えなければならない。

答○ 労基法第34条のとおりである。

④ 使用者は、労働者に対して、毎週少なくとも1回の休日を与えなければならない。ただし、この規定は、4週間を通じ4日以上の休日を与える使用者については適用しない。

答○ 労基法第35条のとおりである。

⑤ 使用者は、その雇入れの日から起算して3ヵ月間継続勤務し全労働日の8割以上出勤した労働者に対して、継続し、又は分割した10労働日の有給休暇を与えなければならない。ただし、法第39条第3項に規定する1週間の所定労働日数が相当程度少ない労働者等は除く。

答× 雇入れの日から起算して6ヵ月間継続勤務し、全労働日の8割以上出勤した労働者は、本問の有給休暇をとることができる。

ROAD 7　年少者、妊産婦等

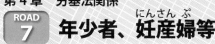

重要度

合格への道　出題頻度は低いが、「4　産前産後」「5　育児時間」はたまに出題されるので、この 2 つに注意すること。次ページのポイントで挙げたように数字を正確に押さえる必要がある。

CHECK　1　年少者の証明書（労基法第 56 条、第 57 条）

　使用者は、満 18 歳に満たない者について、その年齢を証明する戸籍証明書を事業場に備え付けなければならない。

　なお、労基法は、労働に使用できる最低年齢について、「満 15 歳に達した日以後の最初の 3 月 31 日が終了するまで、これ（児童）を使用してはならない」としている。

CHECK　2　未成年者の労働契約（労基法第 58 条、第 59 条）

　親権者又は後見人は、未成年者に代わって労働契約を締結してはならない。

　また、親権者又は後見人は、未成年者の賃金を代わって受け取ってはならない。未成年者は、独立して賃金を請求することができるのである。

> **ポイント**　親権者及び後見人は未成年者の法定代理人として、その財産管理権を有するが、未成年者の労働契約の締結や賃金の受取りについては、未成年者に代わってすることが認められていない。

CHECK　3　深夜業（労基法第 61 条）

　使用者は、満 18 歳に満たない者を午後 10 時から午前 5 時までの間、原則として使用してはならない。ただし、交替制によって使用する満 16 歳以上の男性については、この限りでない。

CHECK　4　産前産後（労基法第 65 条）

　使用者は、6 週間（多胎妊娠の場合には 14 週間）以内に出産する予定の女性が休業を請求した場合には、その者を就業させてはならない。また使用者は、原則として、産後 8 週間を経過しない女性も就業させてはならない。

　ただし、産後 6 週間を経過した女性が請求した場合で、その者について医

師が支障がないと認めた業務に就かせることは、差し支えない。

> 原則として、出産後の女性の就業が禁止されるのは「産後8週間」
> であり、例外的に就業が認められるのは「産後6週間」である。この数字をしっかり押さえること。

CHECK ☐ 5 育児時間（労基法第67条）

　生後満1年に達しない生児を育てる女性は、労基法所定の休憩時間（162ページ）のほか、1日2回各々少なくとも30分、その生児を育てるための時間を**請求**することが**できる**。

> 請求できる育児時間は、所定の休憩時間以外に「1日2回」「各々少
> なくとも30分」である。この数字をしっかり押さえること。

───────── 過去問にチャレンジ！ ─────────

① 使用者は、満16歳以上の男性を交替制によって使用する場合その他法令で定める場合を除き、満18歳に満たない者を午後10時から午前5時までの間において使用してはならない。

答○ 労基法第61条のとおりである。

② 使用者は、産後10週間を経過しない女性を就業させてはならない。ただし、産後8週間を経過した女性が請求した場合において、その者について医師が支障がないと認めた業務に就かせることは、差し支えない。

答× 「10週間」は「8週間」の誤り、「8週間」は「6週間」の誤りである。

③ 生後満1年に達しない生児を育てる女性は、労働基準法で定める所定の休憩時間のほか、1日2回各々少なくとも20分、その生児を育てるための時間を請求することができる。

答× 育児時間は「30分」の誤りである。

ROAD 8 ## 就業規則・雑則等

 合格への道 就業規則に関する問題は2回に1回くらいの頻度で、「4 法令等の周知義務等」は3回に1回くらいの頻度で、出題されている。各項目のポイントで挙げた内容を押さえておけば試験対策は十分であろう。

CHECK ☐

1 作成及び届出の義務（労基法第89条）

　常時10人以上の労働者を使用する使用者は、次の事項について就業規則を作成し、行政官庁に届け出なければならない。変更した場合も同様である。

就業規則の記載事項

①始業及び終業の時刻、休憩時間、休日、休暇ならびに労働者を2組以上に分けて交替に就業させる場合においては就業時転換に関する事項

②賃金（臨時の賃金等を除く）の決定、計算及び支払の方法、賃金の締切り及び支払の時期ならびに昇給に関する事項

③退職に関する事項（解雇の事由を含む）

④退職手当の定めをする場合には、適用される労働者の範囲、退職手当の決定、計算及び支払の方法ならびに退職手当の支払の時期に関する事項

⑤臨時の賃金等（退職手当を除く）及び最低賃金額の定めをする場合には、これに関する事項

⑥労働者に食費、作業用品その他の負担をさせる定めをする場合には、これに関する事項

⑦安全及び衛生に関する定めをする場合には、これに関する事項

⑧職業訓練に関する定めをする場合には、これに関する事項

⑨災害補償及び業務外の傷病扶助に関する定めをする場合には、これに関する事項

⑩表彰及び制裁の定めをする場合には、その種類及び程度に関する事項
　　―など

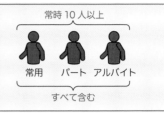

就業規則を作成する義務があるのは、「常時10人以上」の労働者を使用する使用者である。

常時10人以上
常用 パート アルバイト
すべて含む

2 作成の手続（労基法第90条）

使用者は、就業規則の作成又は変更について、次の者の意見を聴かなければならない。

① （当該事業場に、労働者の過半数で組織する労働組合がある場合） ➡ その労働組合

② （当該事業場に、労働者の過半数で組織する労働組合がない場合） ➡ 労働者の過半数を代表する者

> **ポイント** 事業場に労働組合がある場合だけでなく、**組合がない場合**にも、労働者（労働者の過半数を代表する者）の意見を聴かなければならないことに注意。

同意ではない！　意見を聴かなければならないのだ!!

3 制裁規定の制限（労基法第91条）

就業規則で、労働者に対して減給の制裁を定める場合には、その減給は、1回の額が平均賃金の1日分の半額を超え、総額が1賃金支払期における賃金の総額の10分の1を超えてはならない。

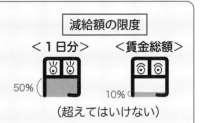

> **ポイント** 許される減給の幅をしっかり押さえよう。1回の額は「平均賃金の1日分の半額」まで、その総額は1賃金支払期における賃金総額の「10分の1」までである。

減給額の限度
＜1日分＞　＜賃金総額＞
50%　10%
（超えてはいけない）

CHECK　4　法令等の周知義務等（労基法第 106 条、第 92 条）

使用者は、労基法及びこれに基づく命令の要旨、就業規則、時間外労働・休日労働に関する協定等を、常時各作業場の見やすい場所へ掲示し、又は備え付けること、書面を交付することその他の厚生労働省令で定める方法によって、労働者に周知させなければならない。

なお、就業規則は、法令又は当該事業場の労働協約に反してはならず、これらに抵触する場合、行政官庁は就業規則の変更を命ずることができる。

使用者　　　労働者

CHECK　5　労働者名簿等（労基法第 107 条〜第 109 条）

使用者は、各事業場ごとに労働者名簿を、各労働者（日日雇い入れられる者を除く）について調製し、労働者の氏名、生年月日、履歴その他厚生労働省令で定める事項を記入しなければならない。

また、使用者は、各事業場ごとに賃金台帳を調製し、賃金計算の基礎となる事項及び賃金の額その他厚生労働省令で定める事項を賃金支払の都度遅滞なく記入しなければならない。

そして、使用者は、これら労働者名簿、賃金台帳及び雇入れ、解雇、災害補償、賃金その他労働関係に関する重要な書類を 5 年間（ただし当分の間は 3 年間）保存しなければならない。

 労働者名簿、賃金台帳の保存期間は、「5 年間（当分の間は 3 年間）」であることをしっかり押さえておこう。

8

就業規則・雑則等

① 常時 5 人以上の労働者を使用する使用者は、始業及び終業の時刻、休憩時間、休日、休暇に関する事項等法令で定める事項について就業規則を作成し、行政官庁に届け出なければならない。

圏× 就業規則を作成する義務があるのは、常時「10 人以上」の労働者を使用する使用者である。

② 使用者は、就業規則の作成又は変更について、当該事業場に、労働者の過半数で組織する労働組合がある場合においてはその労働組合、労働者の過半数で組織する労働組合がない場合においては労働者の過半数を代表する者と協議し、その内容について同意を得なければならない。

圏× 使用者は、意見を聴かなければならないのであって、同意を得る必要まではない。

③ 使用者は、法令に基づき作成した就業規則について、法令に定める事項を変更した場合は、行政官庁に届け出なければならない。

圏○ 就業規則について、法令に定める事項を変更した場合、使用者は行政官庁に届け出なければならない。

④ 就業規則で、労働者に対して減給の制裁を定める場合においては、その減給は、1 回の額が平均賃金の 1 日分の半額を超え、総額が一賃金支払期における賃金の総額の 10 分の 1 を超えてはならない。

圏○ 労基法第 91 条のとおりである。

⑤ 使用者は、労働基準法及びこれに基づく命令の要旨、就業規則、時間外労働・休日労働に関する協定等を、常時各作業場の見やすい場所へ掲示し、又は備え付けること、書面を交付することその他の厚生労働省令で定める方法によって、労働者に周知させなければならない。

圏○ 労基法第 106 条のとおりである。

⑥ 使用者は、労働者名簿、賃金台帳及び雇入、解雇、災害補償、賃金その他労働関係に関する重要な書類を 2 年間保存しなければならない。

圏× 保存期間について、「5 年間（当分の間は 3 年間）」の誤りである。

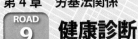

健康診断

重要度

> 労基法等で定められる健康診断は、比較的近年から出題されはじめたテーマだ。今後の出題可能性も高いので、ここで紹介する話は押さえておこう。

CHECK □
1　健康診断総論（労働安全衛生法第66条、第66条の4、第66条の8、労働安全衛生規則第51条、第51条の4）

第1章の31ページでも触れたが、事業者は、労働者に対し、厚生労働省令で定めるところにより、医師による健康診断を行わなければならない。運転者等の健康状態を把握するためである。

この健康診断には様々な種類があるが、試験でよく出題されるのは「定期」健康診断、「雇入れ時」の健康診断、「深夜業」に従事する労働者に対する健康診断についてであるため、これらの健康診断について確認する。

なお、これら健康診断の種類の区別なく、事業者は、この健康診断の結果に基づき、健康診断個人票を作成し、5年間保存しなければならず、健康診断を受けた労働者に対しては、遅滞なく、当該健康診断の結果を通知しなければならない。

また、事業者は、健康診断の結果（当該健康診断の項目に異常の所見があると診断された労働者に係るものに限る）に基づき、当該労働者の健康を保持するために必要な措置について、労働安全衛生規則で定めるところにより、3ヵ月以内に、医師又は歯科医師の意見を聴かなければならない。

さらに事業者は、その労働時間の状況その他の事項が労働者の健康の保持を考慮して、同規則第52条の2で定める要件に該当する労働者からの申出があったときは、遅滞なく、当該労働者に対し、規則で定めるところにより、医師による面接指導を行わなければならない。

CHECK □
2　定期健康診断（労働安全衛生規則第44条）

事業者は、常時使用する労働者（深夜業を含む業務等に常時従事する労働者を除く）に対して、1年以内ごとに1回、定期に、労働安全衛生規則で定める項目について、医師による健康診断を行わなければならない。1年以内ごとの定期に行われるので、定期健康診断といわれる。

3　雇入れ時の健康診断（労働安全衛生規則第43条）

　事業者は、常時使用する労働者を雇い入れるときは、当該労働者に対して、労働安全衛生規則に定める既往歴及び業務歴の調査等の項目について、医師による健康診断を行わなければならない。

　ただし、医師による健康診断を受けた後、3ヵ月を経過しない者を雇い入れる場合において、その者が当該健康診断の結果を証明する書面を提出したときは、その項目に相当する項目は省略できる。

4　深夜業を含む業務等に従事する者の健康診断（労働安全衛生規則第45条、第51条の2）

　事業者は、深夜業を含む業務等に常時従事する労働者に対し、当該業務への配置替えの際及び6ヵ月以内ごとに1回、定期に、労働安全衛生規則に定める所定の項目について、医師による健康診断を行わなければならない。

　深夜業を含む業務等に常時従事する労働者も、自ら受けた健康診断の結果を証明する書面を事業者に提出することができ、この場合、その健康診断の結果（当該健康診断の項目に異常の所見があると診断された労働者に係るものに限る）に基づく医師からの意見聴取は、書面が提出された日から2ヵ月以内に行わなければならない。この意見聴取について、通常の場合は3ヵ月以内であることと区別しておこう。

─────────┤ 過去問にチャレンジ！ ├─────────

① 事業者は、事業者が行う健康診断を受けた労働者から請求があった場合に限り、当該労働者に対し、規則で定めるところにより、当該健康診断の結果を通知するものとする。

答× 健康診断の結果は、その請求があったか否かにかかわらず、遅滞なく、当該労働者に通知しなければならない。

② 事業者は、深夜業を含む業務等に常時従事する労働者に対し、当該業務への配置替えの際及び6ヵ月以内ごとに1回、定期に、労働安全衛生規則に定める所定の項目について医師による健康診断を行わなければならない。

答○ 労働安全衛生規則第45条のとおりである。

③　事業者は、事業者が行う健康診断を受けた労働者に対し、遅滞なく、当該健康診断の結果を通知しなければならない。

🗝〇　労働安全衛生規則第51条の4のとおりである。

④　事業者は、常時使用する労働者を雇い入れるときは、当該労働者に対し、労働安全衛生規則に定める既往歴及び業務歴の調査等の項目について医師による健康診断を行わなければならない。ただし、医師による健康診断を受けた後、3ヵ月を経過しない者を雇い入れる場合において、その者が当該健康診断の結果を証明する書面を提出したときは、当該健康診断の項目に相当する項目については、この限りでない。

🗝〇　労働安全衛生規則第43条のとおりである。

⑤　事業者は、労働安全衛生規則で定めるところにより、深夜業に従事する労働者が、自ら受けた健康診断の結果を証明する書面を事業者に提出した場合において、その健康診断の結果（当該健康診断の項目に異常の所見があると診断された労働者に係るものに限る。）に基づく医師からの意見聴取は、当該健康診断の結果を証明する書面が事業者に提出された日から4ヵ月以内に行わなければならない。

🗝✕　事業者は、深夜業に従事する労働者が、自ら受けた健康診断の結果を証明する書面を事業者に提出した場合、その結果（当該健康診断の項目に異常の所見があると診断された労働者に係るものに限る）に基づく医師からの意見聴取は、当該健康診断の結果を証明する書面が事業者に提出された日から2ヵ月以内に行わなければならず、4ヵ月以内ではない。

⑥　事業者は、常時使用する労働者（労働安全衛生規則（以下「規則」という。）に定める深夜業を含む業務等に常時従事する労働者を除く。）に対し、1年以内ごとに1回、定期に、規則に定める項目について医師による健康診断を行わなければならない。また、この健康診断の結果に基づき、健康診断個人票を作成し、5年間保存しなければならない。

🗝〇　労働安全衛生規則第44条及び第51条のとおりである。

⑦　事業者は、業務に従事する運転者に対し法令で定める健康診断を受診させ、その結果に基づいて健康診断個人票を作成して5年間保存している。また、運転者が自ら受けた健康診断の結果を提出したものについても同様に保存している。

🗝〇　労働安全衛生規則第44条及び第51条から適切な対応である。

9
健康診断

ROAD 10　拘束時間と休息期間

重要度

 「改善基準」に関する問題は、労基法関係の分野の最重要項目であり、間違いなく出題される。ただし、具体的な計算等を要する事例問題として出題されることが多く、トレーニングの必要がある。

CHECK☐　1　改善基準の目的（改善基準第1条）

改善基準は、自動車運転者で、四輪以上の自動車の運転業務に主として従事する者の労働時間等の改善のための基準を定めることにより、自動車運転者の労働時間等の労働条件の向上を図ることを目的とする。そして、労働関係の当事者は、この基準を理由として自動車運転者の労働条件を低下させてはならないことはもとより、その向上に努めなければならない。

> **ポイント**　上記の改善基準の目的は、穴埋め問題で出題されることがある。赤字部分は押さえておこう。

CHECK☐　2　1ヵ月及び1年についての拘束時間（同基準第4条第1項第1号、第2号）

改善基準は、貨物自動車運送事業に従事する自動車運転者を使用する場合における拘束時間について制限を設けている。**拘束時間とは、始業時刻から終業時刻までの時間で、労働時間のみならず、休憩時間や仮眠時間も含む。**同基準が定める運転者の1ヵ月及び1年についての拘束時間は次のとおり。

> ### 運転者の1ヵ月及び1年についての拘束時間
>
> **原則**　1ヵ月について284時間まで、かつ1年について3,300時間まで
> **例外**　労使協定により1ヵ月について310時間まで延長可能であり、かつ1年について3,400時間まで延長可能
> ※ただし、延長が許されるのは1年のうち6ヵ月までで、延長する場合でも1ヵ月の拘束時間が284時間を超える月が3ヵ月を超えて連続しないものとする。

> 🚚 **ポイント**　問題では改善基準に適合しているものはどれか、という問い方をされるので、「適合しない」ものを見つけ出すのが早い。具体的には、
> ① 1年間の総拘束時間が 3,400 時間を超えているか、
> ② 1ヵ月 284 時間を超える拘束時間が、年に 7 回以上あるか（6ヵ月まで可能）、
> ③ 1ヵ月の拘束時間が 310 時間を超えている月があるか、
> を見ればよい。

CHECK □ 3　1日についての拘束時間（同基準同条項第3号）

　改善基準は、運転者の1日（始業時刻から起算して 24 時間）についての拘束時間についても次の制限を設けている。

┌─ **運転者の1日についての拘束時間** ─┐

原則　13 時間まで
例外　15 時間まで延長可能（14 時間超えは週 2 回までが目安）

※ただし、貨物自動車運送事業に従事する自動車運転者に係る1週間における運行が全て長距離貨物運送（一の運行の走行距離が 450 キロメートル以上の貨物運送をいう）であり、かつ、一の運行における休息期間が、当該自動車運転者の住所地以外の場所におけるものである場合においては、当該1週間について 2 回に限り最大拘束時間を 16 時間とすることができる。

> 🚚 **ポイント**　1日の拘束時間における最大のポイントは、「1日の拘束時間」の算出方法である。つまり、翌日の始業時刻が、当日の始業時刻より早い場合、その早い時間分だけ、当日の拘束時間に加える（下の計算例参照）。

■ 拘束時間の計算例 ■

➡ 基本は、終業時刻から始業時刻を引くだけ。ただし、

（月曜日の始業時刻が 8 時、終業時刻が 23 時、
火曜日の始業時刻が 7 時、終業時刻が 23 時の場合）

　➡ 火曜日の始業時刻が月曜日の始業時刻より 1 時間早いから、その分を月曜日の拘束時間に加える。

　➡ 月曜日の拘束時間：23 時－ 8 時＋ 1 時間＝ 16 時間

※火曜日の1時間は、火曜日の拘束時間でもカウントされる。火曜日の拘束時間は 23 時－ 7 時＝ 16 時間となり、7 時から 8 時の 1 時間は月曜と火曜で二重にカウントされる。

4 休息期間等（同基準同条項第5号、第2項、第4項等）

使用者は、勤務終了後、継続11時間以上の休息期間を与えるよう努めることを基本とし、休息期間が継続9時間を下回らないものとする。

ただし、改善基準第4条第1項第3号ただし書に該当する場合、当該1週間について2回に限り、休息期間を継続8時間とすることができる。この場合、一の運行終了後、継続12時間以上の休息期間を与えるものとする。

そもそも**休息期間**とは、**勤務と次の勤務との間**にあって、直前の拘束時間における疲労の回復を図るとともに、睡眠時間を含む労働者の生活時間として、**その処分は労働者の全く自由な判断にゆだねられる時間**をいう。

また、当該トラック運転者の住所地における休息期間は、それ以外の場所における休息期間より長くなるように努めなければならない。

ただし、業務の必要上、勤務の終了後**継続9時間**（改善基準第4条第1項第3号ただし書に該当する場合は**継続8時間**）以上の**休息期間を与えること**が困難な場合、次に掲げる要件を満たすものに限り、当分の間、**一定期間**（1ヵ月程度を限度とする。）における**全勤務回数の2分の1を限度**に、休息期間を**拘束時間の途中及び拘束時間の経過直後に分割して与える**ことができる。

 ポイント　イ　分割された休息期間は、1回当たり継続3時間以上とし、2分割又は3分割とする。

ロ　1日において、2分割の場合は合計10時間以上、3分割の場合は合計12時間以上の休息期間を与えなければならない。

ハ　休息期間を3分割とする日が連続しないよう努めるものとする。

　また、**業務の必要上やむを得ない場合**には、当分の間、**2 暦日における拘束時間は 21 時間を超えないこと**、勤務終了後、継続 20 時間以上の休息期間を与えることを条件に、**隔日勤務に就かせることができる**。

　ただし、**厚生労働省労働基準局長が定める施設**において、**夜間 4 時間以上の仮眠を与える場合**には、2 週間についての拘束時間が 126 時間を超えない範囲において、当該 2 週間について 3 回を限度に、2 暦日の拘束時間を 24 時間まで延長することができる。

　さらに、**トラック運転者が同時に 1 台の自動車に 2 人以上乗務**する場合であって、**車両内に身体を伸ばして休息できる設備があるとき**は、**最大拘束時間を 20 時間まで延長**するとともに、**休息期間を 4 時間まで短縮**できる。

　ただし、当該設備が自動車運転者の休息のためのベッド又はこれに準ずるものとして厚生労働省労働基準局長が定める設備に該当する場合で、かつ、勤務終了後、継続 11 時間以上の休息期間を与える場合は、最大拘束時間を 24 時間まで延長できる。この場合、8 時間以上の仮眠を与える場合には、当該拘束時間を 28 時間まで延長することができる。

　なお、**自動車運転者がフェリーに乗船している時間**は、原則として休息期間とし、与えるべき休息期間から当該時間を除くことができる。

　ただし、当該時間を除いた後の休息期間は、**2 人以上乗務する場合を除き、フェリーの下船時刻から終業時刻までの時間の2分の1を下回ってはならない**。

 ここまで様々な基準が出てきたが、どれもよく出題されている。うまく整理をして押さえておこう。

CHECK
5　休日の労働（同基準同条第 5 項）

　使用者は、貨物自動車運送事業に従事する自動車運転者（トラック運転者）に対して、**休日に労働させる場合、労働させる休日は 2 週間について 1 回を超えないもの**とされる。

　そして、この休日の労働によって、改善基準第 4 条第 1 項に定める（1 ヵ月についての）拘束時間及び最大拘束時間を超えないものとしなければならない。

1　下表は、貨物自動車運送事業に従事する自動車運転者（隔日勤務に就く運転者以外のもの。）の1年間における各月の拘束時間の例を示したものであるが、このうち、「自動車運転者の労働時間等の改善のための基準」に適合しているものを2つ選びなさい。ただし、「1ヵ月についての拘束時間の延長に関する労使協定」及び「1年についての拘束時間の延長に関する労使協定」があるものとする。

1.

	4月	5月	6月	7月	8月	9月	10月	11月	12月	1月	2月	3月	1年間
拘束時間	263時間	271時間	294時間	282時間	272時間	294時間	282時間	286時間	312時間	286時間	272時間	286時間	3,400時間

2.

	4月	5月	6月	7月	8月	9月	10月	11月	12月	1月	2月	3月	1年間
拘束時間	272時間	292時間	283時間	294時間	280時間	277時間	285時間	290時間	292時間	281時間	272時間	278時間	3,396時間

3.

	4月	5月	6月	7月	8月	9月	10月	11月	12月	1月	2月	3月	1年間
拘束時間	286時間	284時間	279時間	291時間	262時間	268時間	289時間	282時間	294時間	283時間	294時間	288時間	3,400時間

4.

	4月	5月	6月	7月	8月	9月	10月	11月	12月	1月	2月	3月	1年間
拘束時間	283時間	284時間	292時間	286時間	289時間	290時間	274時間	286時間	270時間	284時間	283時間	287時間	3,408時間

答 2と3　拘束時間は、原則として1ヵ月について284時間を超えず、かつ、1年について3,300時間を超えないものとすることとされている。ただし、労使協定により、1年について6ヵ月までは、1ヵ月について310時間まで延長することができ、かつ、1年について3,400時間まで延長することができる。また、拘束時間を延長する場合でも、1ヵ月の拘束時間が284時間を超える月が3ヵ月を超えて連続しないようにする必要がある。以上を前提に、各選択肢を検討する。

　まず選択肢1は、12月の拘束時間が312時間となっており、310時間を超えている。よって、改善基準に適合していない。

　次に、選択肢4を見ると、1年間の総拘束時間が3,408時間となっており、3,400時間を超えている。よって、選択肢4も改善基準に適合していない。

　そして、選択肢2と3については、改善基準に違反している箇所はないため、2と3が適合していることとなる。

② 下図は、貨物自動車運送事業に従事する自動車運転者の 1 週間の勤務状況の例を示したものであるが、「自動車運転者の労働時間等の改善のための基準」（以下「改善基準告示」という。）に定める拘束時間等に関する次の記述のうち、誤っているものを 1 つ選びなさい。なお、解答にあたっては、下図に示された内容及び各選択肢に記載されている事項以外は考慮しないものとする。

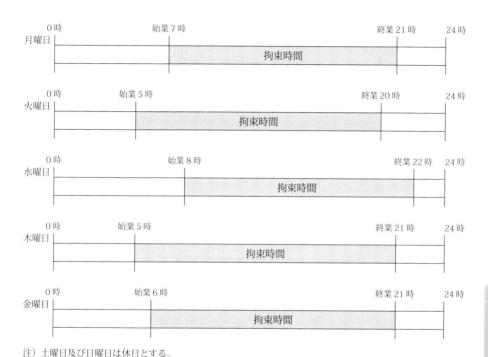

注）土曜日及び日曜日は休日とする。

1. 1 日についての拘束時間が改善基準告示に定める最大拘束時間に違反する勤務がある。
2. 勤務終了後の休息期間が改善基準告示に違反するものがある。
3. 運転者が休日に労働する回数は、改善基準告示に違反していない。
4. 木曜日に始まる勤務の 1 日についての拘束時間は、この 1 週間の勤務の中で 1 日についての拘束時間が最も長い。

10
拘束時間と休息期間

答4　本問では、主に1日についての拘束時間が問われているので、まずは、月曜から金曜の1日についての拘束時間を計算する。その際、翌日の始業時刻が当日の始業時刻より早いときは、その早い分だけ当日の拘束時間に加えることに注意する。

　例えば、月曜日の始業時刻は7時であるが、火曜日の始業時刻は5時であり、翌日の始業時刻が2時間早い。この場合、月曜日の拘束時間にこの2時間を加える。そして、火曜日の拘束時間については、この点の影響はなく、終業時刻から始業時刻を引いて、算出すればよい。

〔各曜日の1日についての拘束時間〕
月曜日：（21時－7時）＋（7時－5時）＝16時間
火曜日：（20時－5時）　　　　　　　＝15時間
水曜日：（22時－8時）＋（8時－5時）＝17時間
木曜日：（21時－5時）　　　　　　　＝16時間
金曜日：（21時－6時）　　　　　　　＝15時間

　この点、改善基準によれば、1日についての拘束時間は、原則として、13時間まで、延長する場合であっても15時間までである。

　よって、1日についての拘束時間について、月曜日、水曜日、木曜日が改善基準に違反していることがわかる。

　そこで各選択肢を確認していくと、**選択肢1**は「1日についての拘束時間」に「違反する勤務がある。」とあり、正しい。

　次に、**選択肢4**について、「木曜日」の拘束時間が最も長いとあるが、上記のとおり、この1週間では水曜日の17時間が最も長い。よって、誤っている。

　そして、**選択肢2**についてであるが、勤務終了後の休息期間は、原則として、継続9時間以上なければならない。この点、水曜日の終業時刻は22時であり、木曜日の始業時刻が5時であるところ、この間は7時間しかなく、「勤務終了後の休息期間が改善基準告示に違反するものがある。」とする選択肢2は正しい。

　最後に**選択肢3**について、運転者に休日に労働させる場合は、当該労働させる休日は2週間について1回を超えないものとするとされているところ、本問においては休日労働させている日がないため、選択肢3は正しい。

③　使用者は、貨物自動車運送事業に従事する自動車運転者（以下「トラック運転者」という。）の休息期間については、当該トラック運転者の住所地における休息期間がそれ以外の場所における休息期間より長くなるように努めるものとする。

答〇　改善基準第4条第2項のとおりである。

④　使用者は、トラック運転者（隔日勤務に就く運転者以外のもの。以下同じ。）が同時に 1 台の事業用自動車に 2 人以上乗務する場合（車両内に身体を伸ばして休息することができる設備がある場合に限る。）においては、1 日（始業時刻から起算して 24 時間をいう。以下同じ。）についての最大拘束時間を 20 時間まで延長することができる。また、休息期間は、4 時間まで短縮することができるものとする。

🖋○　改善基準第 4 条第 4 項第 2 号のとおりである。なお、あくまでも車両内に体を伸ばして休息できる設備がある場合に限られる点は、注意しておくこと。

⑤　使用者は、業務の必要上、トラック運転者に勤務の終了後継続 9 時間以上の休息期間を与えることが困難な場合には、当分の間、一定期間における全勤務回数の 3 分の 2 を限度に、休息期間を拘束時間の途中及び拘束時間の経過直後に分割して与えることができるものとする。

🖋×　業務の必要上、トラック運転者に勤務の終了後継続 9 時間以上の休息期間を与えることが困難な場合には、当分の間、一定期間における全勤務回数の 2 分の 1 を限度に、休息期間を拘束時間の途中及び拘束時間の経過直後に分割して与えることができる（改善基準第 4 条第 4 項第 1 号）。

⑥　トラック運転者が勤務の中途においてフェリーに乗船する場合における拘束時間及び休息期間は、フェリー乗船時間（乗船時刻から下船時刻まで）については、原則として、休息期間として取り扱うものとする。

🖋○　改善基準第 4 条第 4 項第 4 号のとおりである。これは、フェリーに乗船している間は、運転をするわけではないため、休もうと思えば休めることに基づく規定である。

⑦　使用者は、業務の必要上やむを得ない場合には、当分の間、改善基準告示第 4 条の 1 ヵ月についての拘束時間及び 1 日の拘束時間等の規定にかかわらず、次の条件の下でトラック運転者を隔日勤務に就かせることができる。
　（1）2 暦日における拘束時間は、一定の要件に該当する場合を除き、21 時間を超えてはならない。
　（2）勤務終了後、継続 20 時間以上の休息期間を与えなければならない。

🖋○　改善基準第第 4 条第 4 項第 3 号のとおりである。

10

拘束時間と休息期間

ROAD 11 運転時間

重要度

合格への道 運転時間のなかでも、連続運転時間に関する問題は頻出である。連続運転時間について改善基準に違反するかどうか、本文で説明しているチェック方法をしっかりマスターしよう。

CHECK □ 1 運転時間（改善基準第4条第1項第6号）

運転者の運転時間は、次の制限をいずれも超えてはならない。

① 2日（始業時刻から起算して48時間をいう）を平均して、1日当たり9時間
② 2週間を平均して、1週間当たり44時間

上記規定だけではわかりづらいと思うが、ここは難しく考える必要はない。上記2つの平均運転時間がそれぞれ基準を超えなければよいというだけだ。

なお、①については、問題文で「**特定日**」という表現が出てくるが、次のように、**B日を特定日**とした場合、その**前日（A日）及び翌日（C日）とのそれぞれの平均運転時間を求め、どちらも9時間を超える**場合に、基準違反となる。

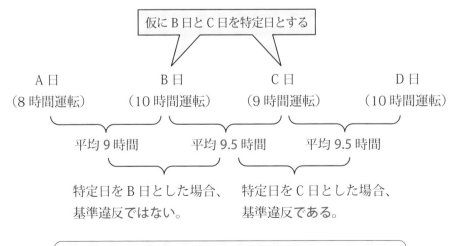

CHECK □ 2　連続運転時間（同基準同条項第 7 号、第 8 号）

　改善基準では、連続運転時間（運転開始後 4 時間以内又は 4 時間経過直後に、1 回がおおむね連続 10 分以上で、かつ、合計が 30 分以上の運転の中断をすることなく連続して運転する時間をいう）は、原則として、4 時間を超えてはならないとされている。

　要するに、**運転の中断なく、4 時間を超える連続運転をしてはならない**が、「**運転の中断**」といえるには、合計 30 分以上の中断でなければならず、「**合計**」とはいっても、1 回の中断が 10 分以上でなければ、原則として、その中断はカウントされないということだ。

　そして、**運転の中断については、原則として「休憩」を与える**ものとされ、「**荷積み**」や「**荷下ろし**」の時間は、運転の中断時間に含まれない。この辺は次ページからの実際の問題も見つつ、確認してほしい。

　なお、**高速自動車国道又は自動車専用道路**（「**高速道路等**」という）の**サービスエリア又はパーキングエリア等に駐車又は停車できない**ため、やむを得ず連続運転時間が 4 時間を超える場合には、**連続運転時間**を 4 時間 30 分まで**延長できる**。

ちょこっとアドバイス!!

上記の「**休憩**」について、従来の改善基準では「荷積み」「荷下ろし」「荷待ち」などの“運転していない時間”も休憩“等”として運転の中断に含めてよいとされていた。しかし、**2024 年 4 月 1 日に施行された改正改善基準**では、原則として、「**休憩**」を与えるものとされている。

ただし、業務の実態等を踏まえて、短期的な見直しが難しい等の**特段の事情**がある場合には、荷積みや荷下ろし等の時間を運転の中断時間にカウントしても改善基準告示違反とならないと考えられているものの、**試験では問題文で特に指定等がない限り、荷積みや荷下ろし等の時間は運転の中断時間として含めない**ようにしよう。

また、**高速道路等のサービスエリア等で駐停車ができない場合の特例**についても注意しておきたいが、おそらく試験では「高速道路等において、サービスエリア等に駐停車できなかったという事情はない」といった条件が問題文で設定されると予想する。

11

運転時間

① 　下表は、一般貨物自動車運送事業に従事する自動車運転者の4週間の運転時間の例を示したものであるが、すべての日を特定日とした2日（始業時刻から起算して48時間をいう。以下同じ。）を平均して1日当たりの運転時間、及び2週間を平均した1週間当たりの運転時間に関する次の記述のうち、正しいものを1つ選びなさい。

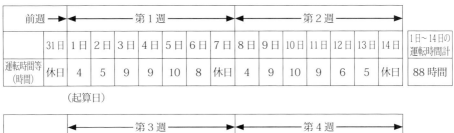

	31日	1日	2日	3日	4日	5日	6日	7日	8日	9日	10日	11日	12日	13日	14日	1日～14日の運転時間計
運転時間等（時間）	休日	4	5	9	9	10	8	休日	4	9	10	9	6	5	休日	88時間

（起算日）

	15日	16日	17日	18日	19日	20日	21日	22日	23日	24日	25日	26日	27日	28日	15日～28日の運転時間計
運転時間等（時間）	10	9	3	4	4	9	休日	10	9	9	5	4	4	休日	80時間

（注1）2週間の起算日は、1日とする。
（注2）各労働日の始業時刻は午前8時とする。

1. 当該4週間のすべての日を特定日とした2日を平均し1日当たりの運転時間（以下「2日を平均し1日当たりの運転時間」という。）は「自動車運転者の労働時間等の改善のための基準」（以下「改善基準」という。）に違反していないが、2週間を平均し1週間当たりの運転時間が改善基準に違反している。

2. 2日を平均し1日当たりの運転時間が改善基準に違反しているが、2週間を平均し1週間当たりの運転時間は改善基準に違反していない。

3. 2日を平均し1日当たりの運転時間及び2週間を平均し1週間当たりの運転時間のどちらも改善基準に違反している。

4. 2日を平均し1日当たりの運転時間及び2週間を平均し1週間当たりの運転時間のどちらも改善基準に違反していない。

圏2　解き方としては、①「2日を平均し1日当たりの運転時間」と、②「2週間を平均し1週間当たりの運転時間」が、それぞれ改善基準に違反しているかを検討すればよい。

　まず、①について、コツとしては、**ざっと事例をながめて、運転時間が多そうな日に当たりをつける**ことである。

　すると、第2週の9日～11日に運転時間が長い日が集中しているところ、**10日を特定日**とすると、前日の9日との平均運転時間が9.5時間、翌日の11日との平

均運転時間も 9.5 時間であり、どちらも 9 時間を超えているため、改善基準に違反している。

　そして、②については、事例の中に、**1 日～ 14 日の運転時間計（88 時間）**と、**15 日～ 28 日の運転時間計（80 時間）**という 2 週間の運転時間計が記載されている。それぞれの 1 週間当たりの運転時間は、44 時間と 40 時間であり、改善基準である 1 週間当たりの運転時間 44 時間を超えていないため、改善基準に違反していない。

② 　下図は、貨物自動車運送事業に従事する自動車運転者の 3 日間の勤務状況の例を示したものであるが、「自動車運転者の労働時間等の改善のための基準」（以下「改善基準告示」という。）に定める拘束時間及び連続運転時間に関する次の記述のうち、正しいものを 2 つ選びなさい。

前日：休日

1 日目　始業時刻 6:30 ／ 終業時刻 18:40

業務前点呼	運転	休憩	運転	荷積み	運転	休憩	荷下ろし	運転	休憩	運転	休憩	運転	業務後点呼
20分	2時間	15分	1時間	20分	1時間30分	1時間	20分	2時間30分	10分	1時間	15分	1時間	30分

営業所 … 営業所

2 日目　始業時刻 5:00 ／ 終業時刻 17:05

業務前点呼	運転	荷積み	運転	休憩	運転	荷下ろし	運転	休憩	荷積み	運転	休憩	運転	業務後点呼
20分	1時間	20分	1時間	15分	1時間30分	20分	1時間	1時間	30分	3時間	10分	1時間10分	30分

営業所 … 営業所

3 日目　始業時刻 5:30 ／ 終業時刻 17:50

業務前点呼	運転	休憩	荷下ろし	運転	休憩	運転	休憩	運転	荷積み	運転	休憩	運転	業務後点呼
20分	2時間	15分	20分	2時間	30分	1時間	1時間	2時間	20分	1時間	5分	1時間	30分

営業所 … 営業所

翌日：休日

1. 各日の拘束時間は、1 日目は 12 時間 10 分、2 日目は 12 時間 5 分、3 日目は 12 時間 20 分である。
2. 各日の拘束時間は、1 日目は 13 時間 40 分、2 日目は 12 時間 5 分、3 日目は 12 時間 20 分である。
3. 連続運転時間が改善基準告示に違反している勤務日は、1 日目及び 3 日目であり、2 日目は違反していない。
4. 連続運転時間が改善基準告示に違反している勤務日は、1 日目及び 2 日目であり、3 日目は違反していない。

11
運転時間

185

圏2と4

選択肢1× 本肢では、各日の「1日についての拘束時間」が問われている。「1日についての拘束時間」は、基本的には、終業時刻から始業時刻を引けばよいが、翌日の始業時刻が早い場合は、その早い時間分を上乗せすることに注意する。各日の計算を行うと、次のようになる。

　1日目：(18:40 − 6:30) + (6:30 − 5:00) = 13時間40分
　2日目：(17:05 − 5:00)　　　　　　　 = 12時間5分
　3日目：(17:50 − 5:30)　　　　　　　 = 12時間20分

よって、本肢は1日目を12時間10分としている点で誤っている。

選択肢2○ 各日の「1日についての拘束時間」は、上記のとおりであり正しい。

選択肢3× 本肢では、「連続運転時間」が問われており、2日目は改善基準に違反していないとある。しかし、2日目の後半で「運転3時間→休憩10分→運転1時間10分」という勤務状況があり、運転時間の合計が4時間を超える間に、合計30分以上の休憩がないため、2日目は改善基準に違反している。なお、1日目を確認すると、後半で「運転2時間30分→休憩10分→運転1時間→休憩15分→運転1時間」という勤務状況があり、運転時間の合計が4時間を超える間に、合計30分以上の休憩がないため、1日目は改善基準に違反している。そして、3日目に違反はない。

選択肢4○ 上記のとおり「連続運転時間」が改善基準に違反しているのは、1日目及び2日目であり、3日目は違反していないので正しい。

 ちょこっとアドバイス!!

はじめは面倒に感じるかもしれないが、**改善基準に関する事例問題**は、前提となる**改善基準の知識をインプット**したうえ、過去問題集を用いて、「**出題形式**」と「**解き方**」に慣れてしまえば怖くはない。

過去5年分くらいの問題を繰り返し解くトレーニングを行えば、出題パターンも見えてくるし、**解き方も簡単であることに気がつく**であろう。

なお、近年はシンプルに改善基準の知識を穴埋め問題や択一式問題で問う問題も増えているため、事例問題を解く上での前提にもなる条文の知識は、しっかり押さえておこう。

第5章

実務上の知識

ROAD 1　他分野からの応用問題対策

重要度

> **合格への道**　第5分野の「実務上の知識」では、他分野（本書第1章〜第4章）で学習した知識の応用問題的な出題がある。ここでは、この応用問題対策として、学習法などをコメントしておこう。

CHECK □ 1　他分野からの応用問題対策（総論）

　上記で述べたように、この第5分野では、他の分野で学習した内容の応用問題「的」な出題が目立つ。ただし、「的」と書いたように、実は**応用問題ではなく、他分野で学習した内容を再びこの第5分野で出題してくる**問題も多い。

　具体的に言えば、第1分野の「貨運法関係」では例年、問1〜8の8問分が出題されているが、そこで出題しきれなかった知識や、内容によっては、同じ知識をこの第5分野で出題してくることも珍しくない。

　そして実際に、本書における第1分野〜第4分野（第1章〜第4章）で紹介している過去問題の中には、この第5分野で出題された問題を紹介しているものもある。

　よって、結論として、この第5分野における**「他分野からの応用問題対策」**としては、**第1分野〜第4分野までの学習をしっかり終えておく**、という考え方とスタンスでよい。

ちょこっとアドバイス!!

過去問を解いたことがある人はわかると思うが、例えば、「**点呼**」に関する問題は、ほぼ毎回のように「**第1分野**」と「**第5分野**」の双方で出題される。そして、若干「第5分野」での問題のほうが難しいことが多いものの、基本的にはレベルに差がない。つまり、「第1分野」の学習時に「点呼」の学習をしっかり終えておけば、「第5分野」で出題される問題も正解できる。なお、この「ROAD1」は"学習指南"を目的とするので「過去問にチャレンジ！」は掲載しない（必要な問題は、各分野で紹介済みである）。

□ CHECK 2　第1分野（貨運法関係）からの出題ポイント

　ではここからは、各分野ごとに、この**第5分野でよく出題されるテーマ**を紹介していく。**ここで紹介するテーマについては、各分野の学習をする際や、復習をする際に、「第5分野」でも出題されること**を意識して、特に丁寧に学習を行っておこう。

　まず、**第1分野の「貨運法関係」**については、次のテーマがよく出題される。

> **「貨運法関係」からよく出題されるテーマ**
> ①必要な運行管理者数、運転者数
> ②点呼
> ③業務等の記録
> ④運行指示書による指示
> ⑤従業員に対する指導・監督
> ⑥運転者の遵守事項（酒気帯び、疾病・疲労等の申出）
> ⑦運行管理者の業務

　上記のうち、特に頻出なのが「**②点呼**」である。毎回必ず出題されると考えておいたほうがよかろう。そして、点呼について、**安全規則で規定されている話が「第1分野」**で、**安全規則の解釈及び運用で規定されている話（主にIT点呼）が「第5分野」**で出題されることが多い。どちらにしても、点呼が毎回出題されることに変わりはないので、点呼についてはしっかりと学習しておこう。

　また、「**④運行指示書による指示**」や「**⑥運転者の遵守事項（酒気帯び、疾病・疲労等の申出）**」も比較的頻出である。④については、60ページからの内容を確認してほしいが、⑥について、具体的には、安全規則第17条において、運転者に酒気帯び等の事実がある場合、「事業者」に申し出ることが規定されているところ、一度「事業者」に申し出た場合、点呼の際に「運行管理者」に再度申し出る必要があるか？（正解は必要がある）…といった問題が出題される。

3 第2分野（車両法関係）からは、まず出題されない

　次に、第2分野の「車両法関係」についてだが、実はこの「車両法関係」の知識が、**第5分野で出題されることは"ほぼ"ない**。もともと4問分しか出題されない分野であるし、他の分野の知識のほうが、受験生に安全な運行を身に付けてもらうためには、重要であるとの判断であろう。

　よって、第5分野における「他分野からの応用問題対策」に限って言えば、**「車両法関係」は無視してよい**。ただし、いつどのような形で出題されるかはわからないし、どちらにせよ、第2分野での得点もしておかなければならないので、「車両法関係」の学習も怠らないようコメントしておく。

4 第3分野（道交法関係）からの出題ポイント

　次に、第3分野の「道交法関係」については、次のテーマがよく出題される。

> **「道交法関係」からよく出題されるテーマ**
>
> ①免許と自動車の種類（どの免許で、どの種類の自動車を運転できるか）
> ②最高速度
> ③道路標識
> ④交通事故の場合の措置
> ⑤積載物の重量、長さ、幅、高さ

　まず、「道交法関係」の知識が、**第5分野で必要となるパターンのほとんどが上記①～③についてである**。そして、これらすべては215ページから述べる「運行計画に関する問題」の前提知識として出題されるので、詳しくは215ページ以降を参照してほしい。

　そして、「**④交通事故の場合の措置**」については、交通事故があった場合、当該車両の運転者その他の乗務員は、直ちに**車両等の運転を停止**して、負傷者を救護し、道路における危険を防止する等必要な措置を講じなければならない。また、当該車両の**運転者**（運転者が死亡し、又は負傷したためやむを得ないときは、その他の乗務員）は、警察官が現場にいるときは当該警察官に、いないときは、**直ちに最寄りの警察署の警察官に、一定の事項を報告**しなければならない（道交法第72条、132ページ参照）。

以上の内容について、例えば、次のような問題が出題される。

//

問　運転者は、中型トラックで走行中にオートバイと接触事故を起こした。オートバイの運転者が足を負傷し自力で動けなかったので、当該運転者を救護するため歩道に移動させた。その後、事故現場となった当該道路における危険を防止する必要があると考え、双方の事故車両を道路脇に移動させ、発炎筒を使用して後続車に注意を促すとともに、救急車の手配と警察への通報を行い、運行管理者に連絡し、到着した警察官に事故について報告した。

//

　この問題の答えは「適切」である。決して難しい問題ではなく、要するに、事故を起こしてしまった場合、道交法上の話としては、負傷者の救護 → 道路における危険を防止 → 警察官に報告をしなければならない。
　なお、上記の問題では、貨運法上の話として、運行管理者への連絡もしっかり行われている。

　そして最後の「⑤積載物の重量、長さ、幅、高さ」については、実はあまり出題されていない。よって、詳しくは126ページ以降を確認してほしいが（重量を除く）、どちらかと言えば、計算問題的な問題が出る。
　例えば、自動車への積載物の長さは、自動車の長さに、その長さの10分の2の長さを加えたものが限度となるところ、実際の事例を前提にして、違反がないか否かの判断（計算）がポイントとなる問題等だ。

ちょこっとアドバイス!!

第5分野で出題される「道交法関係」の知識については、前ページの①～③が重要である。しかし、これらはそのまま択一式問題で出題されるというわけではなく、「運行計画に関する問題」を解く上での前提知識となるだけなので、この重要性に気が付かないと学習がおろそかになりがちだ。実際にどのような形で必要となるかを215ページ以降で確認し、それを意識した学習方法を行おう。

5　第4分野（労基法関係）からの出題ポイント

　最後に、第4分野の「労基法関係」については、**改善基準第4条第1項に尽きる！**…と言ってよかろう。要するに、**この基準で定められた運転時間等の限度を超えていないか？**…という点が出題される。

　そして、この「労基法関係」から第5分野で出題される内容も**215ページ以降の「ROAD7　運行計画に関する問題」に集約されている**と言っても過言ではない（そのため別途項目を設けている）。なので、ここも詳しくは**215ページ以降の「ROAD7　運行計画に関する問題」**を確認してほしいが、念のため、まとめておくと、次のテーマが出題される。

> **「労基法関係」からよく出題されるテーマ**
> ①運転時間（改善基準第4条第1項第6号、182ページ）
> ②連続運転時間（同条項第7号、第8号、183ページ）

　以上のように、過去問を分析した結果、見えてきた傾向を把握することで、かなりポイントを絞った学習ができるのではないだろうか。第5分野については、"何となく"過去問題を解いていると、あちこちの知識が混在して出題されてくるので、手の付けようがない…という印象をもってしまうかもしれないが、そんなことはない。

　具体的には、**第2分野の「車両法関係」からは、まず出題されない**ことがわかる。そして、**第3分野の「道交法関係」と第4分野の「労基法関係」からは、出題される知識が偏っている**ため、そこを意識して、丁寧に学習しておけばよい。

　そうなると、やはり**重要なのは、第1分野の「貨運法関係」の学習**である。実際の本試験でも出題数が多く、**ここの学習をしっかり行っておくことが、運行管理者試験の合格への近道**であることは言うまでもない。ぜひ、学習の指針にしてほしい。

ROAD 2　交通事故の防止（その 1）

重要度

合格への道　ほぼ毎回のように、この項目で紹介する話のどれか 1 つは出題される。特に睡眠時無呼吸症候群とアルコール依存症についてがよく出題されるので、注意しておこう。

CHECK ☐ **1　指差呼称**（ゆびさし こしょう）

　指差呼称とは、信号や標識などを指で差し、その対象が持つ名称や状態を声に出して確認することをいう。これは運転者の錯覚、誤判断、誤操作等を防止するための手段であり、運転者の意識レベルを高め、**有効な交通事故防止対策の手段**となる。

CHECK ☐ **2　適性診断**

　適性診断は、運転者の運転能力、**運転態度及び性格等を客観的に把握**し、**運転者に自分の運転の傾向や事故を起こす危険性を客観的に知ってもらう**ことで、安全な運転を目指すようその**自覚をうながすことを目的**とする。

ポイント　適性診断の目的は、あくまでも安全な運転のための自覚をうながすことにあり、**運転に適さない者を選任しないことではない。**

CHECK ☐ **3　ヒヤリ・ハット**

　1 件の重大災害（死亡・重傷）が発生する背景には、29 件の軽傷事故と 300 件のヒヤリとした経験やハッとした経験があることを、ヒヤリ・ハットという。

　このヒヤリ・ハットを調査して、減少させていくことは、**交通事故防止対策の有効な手段**となる。

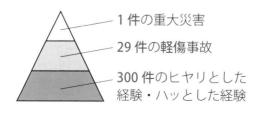

1 件の重大災害
29 件の軽傷事故
300 件のヒヤリとした経験・ハッとした経験

193

4 事故防止対策のサイクル

　交通事故の防止対策を効率的・効果的に講じていくためには、事故情報を多角的に分析し、事故実態を把握したうえで、①計画の策定、②対策の実施、③効果の評価、④対策の見直し及び改善、という**一連の交通安全対策のサイクルを繰り返す**ことが必要である。

> 🚚 **ポイント**　ここでのポイントは、**事故情報の分析**と、**事故実態の把握をすること**は、**事故の再発防止に有効**であるという点だ。これらを行うよりも、事故惹起運転者に講習を受けさせるほうが重要…といった選択肢は、**誤り**となる（講習等が再発防止に有効ではない、という意味ではない）。

5 生活習慣病など

　近年、脳血管疾患や心臓疾患などが原因の、運転中の**突然死**による事故が増加傾向にある。これらの病気は、暴飲暴食や運動不足などの悪しき**生活習慣が原因**でも起こることから、**生活習慣病**とも呼ばれる。

　この生活習慣病を予防するには、食生活、運動習慣、休養、飲酒、喫煙等の生活習慣を改善し、自身の健康状態を把握する。ただし、**脳血管疾患は定期健康診断での発見が難しく**、専門医療機関の受診が必要となる。

　また、**運転中に心臓疾患**（心筋梗塞、心不全等）や、**大血管疾患**（急性大動脈解離、大動脈瘤破裂等）が起こると、ショック状態、意識障害、心停止等を生じ、事故の**回避ができずに重大事故**を引き起こすおそれがある。健康起因事故を防止するためにも**発症する前の早期発見や予防が重要**となってくる。

6 酒気帯び運転の防止

　飲酒は、運転に欠かせない視力、反応時間、運動機能、注意力、集中力、判断力、平衡感覚等を大きく損なわせることから、**飲酒による運転への影響を運転者に指導**することは、**事故防止対策の有効な手段**である。また、酒気帯び運転の防止に関しては、以下のような事項が問われている。

(1) アルコールが体内から抜けきるまでの時間

　人が飲酒し、そのアルコールが体内から抜けきるまでの時間には**個人差**がある。健康へのリスクの少ない、節度ある飲酒の目安としては、純アル

コール 20 グラム（1 単位）と言われる。この 1 単位（**アルコール 5%のビールの場合、約 500 ミリリットル、アルコール 7%のチューハイの場合、350 ミリリットル）のアルコールを処理**するための必要な時間の目安は、おおむね 4 時間とされる。

　そのため、運転日の前夜遅くまで飲酒をすると、会社に出勤して運転業務に就く頃までアルコールが代謝されず、体内に残ってしまうことがある。事業者は、個人差も考慮して、飲酒が運転に及ぼす影響や酒類の飲み方等について指導を行うことが望ましい。

（2）アルコール依存症

　常習的な飲酒運転等の背景には、**アルコール依存症**があるといわれる。この病気の初期症状は、一般的に吐き気、嘔吐、動悸、不眠などである。病気が進行すると、手指の振戦や幻視・幻聴などの精神症状が現れてくる。治療法は、専門医による**早期の治療**を受けること及び断酒することである。

　また、アルコール依存症は、一度回復しても**再発の可能性が**高いため、回復した運転者に対しても、**飲酒に関する特別な指導**を行うべきである。

> **ポイント** 〈**アルコール依存症は、再発可能性が**高い！〉
> 　アルコール依存症の再発可能性が高い点は、繰り返し出題されている。ここは確実に押さえよう。

CHECK □ 7　睡眠時無呼吸症候群（SAS）

　漫然運転や居眠り運転の原因として、**睡眠時無呼吸症候群（SAS）**と呼ばれる病気がある。睡眠中の無呼吸、低呼吸がその症状である。満足な睡眠が得られないことから、日中強い眠気に襲われる。

　この病気は、**自覚症状がない**ことが多く、発見が遅れやすい。よって事業者は、**自覚症状の有無にかかわらず全従業員に SAS スクリーニング検査**を実施することが望ましい。

　また、合併症として、高血圧、狭心症、心筋梗塞などの心臓関係疾患が起こることがあるため、**早期の発見と治療**が必要であり、その点を**運転者に理解させておく必要**がある。

① 指差呼称は、運転者の錯覚、誤判断、誤操作等を防止するための手段であり、道路の信号や標識などを指で差し、その対象が持つ名称や状態を声に出して確認することをいい、安全確認のために重要な運転者の意識レベルを高めるなど交通事故防止対策の有効な手段の一つとして活用されている。

答○　記述のとおりである。

② 交通事故の防止対策を効率的かつ効果的に講じていくためには、事故情報を多角的に分析し、事故実態を把握したうえで、①計画の策定、②対策の実施、③効果の評価、④対策の見直し及び改善、という一連の交通安全対策のサイクルを繰り返すことが必要である。

答○　記述のとおりである。

③ 適性診断は、運転者の運転能力、運転態度及び性格等を客観的に把握し、運転の適性を判定することにより、運転に適さない者を運転者として選任しないようにするためのものであり、ヒューマンエラーによる交通事故の発生を未然に防止するための有効な手段となっている。

答×　適性診断は、運転者の運転能力、運転態度及び性格等を客観的に把握し、運転者に自分の運転の傾向等を客観的に知ってもらうことで、安全な運転を目指すよう自覚をうながすことを目的としており、運転に適さない者を運転者として選任しないようにするためのものではない。

④ 常習的な飲酒運転の背景には、アルコール依存症という病気があるといわれている。この病気は専門医による早期の治療をすることにより回復が可能とされており、一度回復すると飲酒しても再発することはないので、事業者は、アルコール依存症から回復した運転者に対する飲酒に関する指導を特別に行うことはしていない。

答×　アルコール依存症は、一度回復しても、飲酒することで再発する可能性が高い。よって、事業者は、アルコール依存症から回復した運転者に対して、飲酒に関する指導を特別に行うべきものと考えられている。

 ちょこっとアドバイス!!

問題①の「指差呼称」と問題④のアルコール依存症については、よく出題される。特にアルコール依存症の再発可能性が高い点は、必ず覚えておこう。

ROAD 3　交通事故の防止（その2）

重要度

> **合格への道**　ここでは「新しい技術を利用した機器」を用いることで、交通事故を防止しようとする話をまとめて紹介する。難しい話ではないので、試験直前までに眺めておけば十分であろう。

CHECK □ 1　ドライブ・レコーダー

　ドライブ・レコーダーとは、運転中の車内や自動車周囲の映像等を記録する車載装置である。常時記録するタイプと、自動車が一定以上の衝撃等を受けると、衝撃前と衝撃後の前後十数秒間の映像を自動的に記録するタイプがあるが、**映像等だけではなく、運転者のブレーキ操作やハンドル操作等の運転状況を記録できるタイプのものもあり、運転者の安全運転指導に活用できる。**

CHECK □ 2　デジタル式運行記録計

　デジタル式運行記録計は、アナログ式運行記録計と同じく、瞬間速度、運行距離及び運行時間の記録に加え、運行データの記録を電子情報として記録することにより、急発進、急ブレーキ、速度超過時間等の運行データの収集が可能になることから、運転者の運転特性を把握し、**運転者の安全運転指導に活用することができる。**

　また、各運転者の運行実績表、業務記録などが、1日、週間、月間ごとに容易に作成でき、運行管理者による**労務管理の効率化を図ることができる。**

■ デジタル式運行記録計 ■

記録できるもの

瞬間速度
運行距離
運行時間
運行データ
　↓
急発進
急ブレーキ
速度超過時間**等**

このようなボックスタイプのものが多い。

➡これにより…
運転者の**運転特性**を把握でき、運転者等ごとの**安全運転指導**に活用することができるほか、各運転者の運行実績表、業務記録等が容易に作成できる。

なお、運行管理者は、デジタル式運行記録計の記録図表等を用いて、最高速度記録の▼マークを確認することで最高速度超過はないか、急発進、急減速の有無を確認するなど、記録データを基に運転者への安全運転、経済運転の指導を行うことが望ましい。

CHECK □ 3 速度抑制装置

大型トラック（貨物の運送の用に供する普通自動車で、車両総重量が8トン以上又は最大積載量が5トン以上のもの）の原動機に備えなければならない速度抑制装置とは、トラックが時速90キロメートルを超えて走行しないよう燃料の供給を調整し、自動車の速度の制御を円滑に行うものである（90ページ参照）。運行管理者は、この速度を考慮して運行計画を立てる必要があり、運転者に対しては、速度抑制装置の機能等を理解させるとともに、追突事故の防止等安全運転に努めるよう指導する必要がある。

CHECK □ 4 衝突被害軽減ブレーキ

衝突被害軽減ブレーキとは、レーダー等で検知した前方の車両等に衝突する危険性が高まった場合、運転者にブレーキ操作を行うよううながし、衝突する可能性が高くなると自動的にブレーキが作動し、衝突による被害を軽減させるためのものである。環境によっては適切に作動しないこともあるため、過信せず、運転者に対しては、当該ブレーキの機能等を理解させるとともに、安全運転に努めるよう指導する必要がある。

CHECK □ 5 アンチロック・ブレーキシステム（ABS）

アンチロック・ブレーキシステム（ABS）は、急ブレーキ時などにタイヤがロック（回転が止まること）するのを防ぐことによって、車両の進行方向の安定性を保ち、また、ハンドル操作で障害物を回避できる可能性を高める装置である。ABSを効果的に作動させるためには、できるだけ強くブレーキペダルを踏み続けることが重要であり、この点を運転者に指導する必要がある。

CHECK □ 6 バックアイカメラ

バックアイカメラとは、ギアをバックに入れると、ナビゲーションシステムのモニターが後方のカメラ映像に切り替わることで、車両の死角となる後

方の状況を映像で確認できるものである。

　特にバン型トラックの後方は、ほとんど死角となって見えない状態となることから、バックアイカメラを装着して死角を大きく減少させることができる。ただし、バックアイカメラにも限界があり、**過信しないよう運転者に指導**する必要がある。

CHECK □ 7　車線逸脱警報装置

　車線逸脱警報装置は、走行車線を認識し、**車線から逸脱**した場合や逸脱しそうになった場合に、運転者が車線中央に戻す操作をするよう**警報が作動**する装置である。

CHECK □ 8　車両安定性制御装置

　車両安定性制御装置は、急なハンドル操作や積雪がある路面の走行などを原因とした横転の危険を、**運転者へ警告**するとともに、**エンジン出力やブレーキ力**を制御し、**横転の危険を軽減**させる装置である。

過去問にチャレンジ！

① 　大型トラックの原動機に備えなければならない「速度抑制装置」とは、当該トラックが時速100キロメートルを超えて走行しないよう燃料の供給を調整し、かつ、自動車の速度の制御を円滑に行うためのものである。したがって、運行管理者はこの速度を考慮して運行の計画を立てる必要があり、運転者に対しては、速度抑制装置の機能等を理解させるとともに、追突事故の防止等安全運転に努めるよう指導する必要がある。

答× 　速度抑制装置は、時速90キロメートルを超えて走行しないよう燃料の供給を調整し、自動車の速度の制御を円滑に行うものである。

② 　「ドライブレコーダー」には、ヒヤリ・ハットの直前直後の映像だけでなく、運転者のブレーキ操作やハンドル操作などの運転状況を記録し、解析診断することで運転のクセ等を読み取ることができるものがあり、運行管理者が行う運転者の安全運転の指導に活用されている。

答○ 　記述のとおりである。

視界

合格への道 この項目で紹介する話は、選択肢の単位で、3回に1回くらいの割合で出題される。どれも易しい内容なので、出題された場合は、落としたくはない問題の1つである。

CHECK □ 1 視野

視野とは、目の位置を変えずに**見渡せる範囲**をいう。

人間の静止時の視野は通常、片目で左右それぞれ160度くらい、両目なら200度くらいである。

200度

両目の視野

そして、自動車の**速度が速くなるほど**、運転者の視野は狭く、物の形を正確に捉えにくくなり、遠くを注視するようになる。近くから飛び出してくる歩行者などを見落としやすくなるので、注意が必要である。

早くおいでよ～

CHECK □ 2 車間距離の感覚

前方の自動車との車間距離の感覚は、大型車から見た場合と乗用車から見た場合では、座席の高さに関連して、次のように異なる。

大型車の場合 ➡ 車間距離に余裕があるように感じる

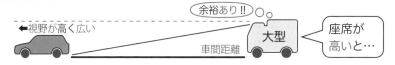

余裕あり!!

←視野が高く広い

車間距離

大型

座席が高いと…

乗用車の場合 ➡ 車間距離に余裕がないように感じる

余裕がない…?

←視野が低く狭い

車間距離

乗用車

座席が低いと…

ポイント 大型の貨物自動車だと、前方の自動車との**車間距離に余裕がある**ように感じるため、追突事故を起こしやすくなるわけである。

CHECK ☐ **3　明順応と暗順応**

　明順応とは、暗いところから明るいところへ出たとき、一時的に低下した視力が回復することをいう。

　逆に暗順応とは、明るいところから急に暗いところに入ったときに、最初は何も見えないが、やがて少しずつ見えるようになることをいう。

┌─────────────────────────────────────┐

　トンネルに入る前や出るときは、視力が一時急激に低下するので、自動車の速度を落とす必要がある。

└─────────────────────────────────────┘

■ 明順応と暗順応の違い ■

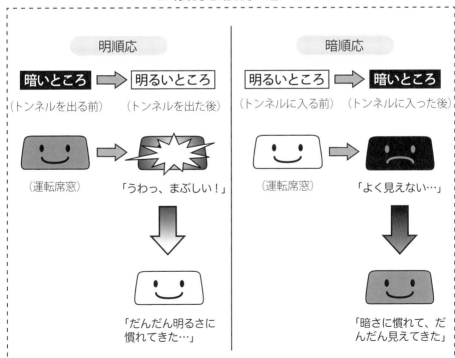

明順応	暗順応
暗いところ ➡ 明るいところ	明るいところ ➡ 暗いところ
（トンネルを出る前）（トンネルを出た後）	（トンネルに入る前）（トンネルに入った後）
（運転席窓）「うわっ、まぶしい！」	（運転席窓）「よく見えない…」
「だんだん明るさに慣れてきた…」	「暗さに慣れて、だんだん見えてきた」

4
視界

4 眩惑（げんわく）

眩惑とは、夜間、対向車のヘッドライトなどの光を直接眼に受けて、**まぶしさのために一瞬視力を失った状態**になることをいう。

視力の回復に時間を要することとなるので、**ライトを直視しないように**する（視点をやや**左前方**に移すとよい）。

---

5 動体視力と静止視力

運転時における情報入手は視力によるところが大きいが、視力には大きく分けて**動体視力**と**静止視力**がある。

動体視力とは、自分が**動きながら**、また**動いているものを見る**場合の視力である。これに対し、**静止視力**とは、自分が止まりながら、かつ止まっているものを見る場合の視力である。

動体視力は静止視力に比べて低くなる。また、自分の動くスピードや対象物の動くスピードが速くなるほど、**動体視力は低下する**。したがって、自動車を運転する際も、自動車の速度が速くなればなるほど**動体視力が低下する**ので、注意が必要である。

なお、**動体視力は加齢による低下率が大きい**。そのため、特に高齢者ドライバーは動体視力検査を受けるなどして、自分の視力の状態を客観的に把握しておくことが大切である。

CHECK □　6　蒸発現象

　自動車の夜間の走行時においては、**自車のライトと対向車のライト**で、道路の**中央付近の歩行者や自転車**が見えなくなることがあり、これを蒸発現象という。

　この蒸発現象は、暗い道路で特に起こりやすいため、夜間の走行の際には十分注意するよう、運転者に対し指導する必要がある。

自車のライトと、対向車のライトにより、歩行者等が見えなくなる。

CHECK □　7　死角

　死角とは、一言でいえば、運転者が直接見ることができない箇所のことである。そもそも自動車には、後写鏡やアンダーミラー等が備えられ、構造上の死角が少なくなるように設計されているが、**それでも死角は存在する**ため、その点を意識した運転が必要である。

　また、死角といっても、上記のような自動車の構造上の死角だけではなく、**前走車や対向車など他の交通による死角、道路構造・建物・樹木等の道路環境による死角、夜間走行時の死角**等があるので、これらの死角の特性に注意した運転が必要であり、運転者に対し指導する必要がある。

4　視界

> **ポイント**　ここでのポイントは、「**それでも死角は存在する**」という点である。例えば、問題文で「○○のため、死角はない」といった記述がある場合、それは誤った選択肢となる。

① 自動車の速度が速くなるほど、運転者の視野は狭くなり、遠くを注視するようになるために、近くは見えにくくなる。したがって、速度を出しすぎると、近くから飛び出してくる歩行者や自転車などを見落としやすくなることから、速度の出し過ぎに注意するよう運転者に対し指導する必要がある。

答○ 自動車の速度が速くなるほど、運転者の視野は狭くなり、近くが見えにくくなる。

② 前方の自動車を大型車と乗用車から同じ距離で見た場合、それぞれの視界や見え方が異なり、運転席が高い位置にある大型車の場合は車間距離に余裕がないように感じ、乗用車の場合は車間距離に余裕があるように感じやすくなる。したがって、運転者に対して、運転する自動車による車間距離の見え方の違いに注意して、適正な車間距離をとるよう指導する必要がある。

答× 前方の自動車を見た場合、大型車の場合は車間距離に余裕があるように感じ、逆に乗用車の場合は車間距離に余裕がないような感じを受ける。

③ 夜間、対向車線の自動車のヘッドライトを直接目に受けると、まぶしさのため一瞬目が見えなくなることがあるので、対向車のライトがまぶしいときは、視点をやや左前方に移して、目がくらまないようにする。

答○ 夜間、対向車のヘッドライトなどでまぶしさのため一瞬視力を失った状態になることを眩惑という。これを避けるため視点をやや左前方に移すとよい。

④ 自動車の夜間の走行時においては、自車のライトと対向車のライトで、お互いの光が反射し合い、その間にいる歩行者や自転車が見えなくなることがあり、これを蒸発現象という。蒸発現象は暗い道路で特に起こりやすいので、夜間の走行の際には十分注意するよう運転者に対し指導する必要がある。

答○ 記述のとおりである。

⑤ 暗いところから急に明るいところへ出ると、まぶしくて見えにくくなり、目が慣れて通常どおり見えるようになるのに時間がかかる。反対に、明るいところから急に暗いところへ入ったときは暗くて見えにくくなり、やがて目が慣れて少しずつ見えるようになる。

答○ 記述のとおりである。

ROAD 5　走行時の現象と自動車の特性

重要度

この項目で紹介する話は、選択肢の単位で、2回に1回くらいの割合で出題される。どれも易しい内容なので、出題された場合は、落としたくはない問題の1つである。

CHECK □　**1　自動車の走行時に生じる現象**

自動車の走行時に生じる現象には、次のようなものがある。各現象の名称と内容を混同しないよう注意すること。

現象名	内　容
ウエット・スキッド現象	雨の降りはじめにタイヤと路面の間にすべりやすい膜が生じ、自動車の方向が急激に変わったり、流されたり、スリップしたりする現象
ハイドロプレーニング現象	路面が水でおおわれているときに高速で走行することによって、タイヤの排水作用が悪くなり、タイヤが水上スキーのように水の膜の上を滑走する状態となって、操縦不能となる現象
フェード現象	フット・ブレーキの使いすぎにより、ブレーキ・ドラムやブレーキ・ライニングが摩擦のため過熱し、その結果ドラムとライニングの間の摩擦力が減って、ブレーキの効きが悪くなる現象
スタンディングウェーブ現象	タイヤの空気圧不足で高速走行したとき、タイヤの接地部に波打ち現象が生じ、セパレーション（剥離）やコード切れが発生する現象
ベーパー・ロック現象	フット・ブレーキの使いすぎにより、ブレーキ・ドラムやブレーキ・ライニングが過熱し、その熱のためブレーキ液の中に気泡が生じ、ブレーキの効きが悪くなる現象

ポイント　上記のように、**フェード現象**と**ベーパー・ロック現象**の説明はよく似ている。**ドラムとライニングの間の摩擦力が減る**のがフェード現象、**ブレーキ液の中に気泡が生じる**のがベーパー・ロック現象なので、両者を混同しないように注意しよう。

2　自動車の特性等と運行の安全

試験に出題される自動車の特性等には、次のようなものがある。

項目名	内　容
内輪差	自動車のハンドルを切り旋回した場合、左右及び前後輪はそれぞれ別の軌跡を通る。仮にハンドルを左に切った場合、左側の後輪が左側の前輪の軌跡に対し内側を通ることとなるが、この前後輪の軌跡の差を内輪差という。ホイールベースの長い**大型車ほどこの内輪差が大きく**なるので、**大型車**を運転する運転者に対し、交差点での左折時には、内輪差による歩行者や自転車等との接触、巻き込み事故に注意するよう指導する必要がある。
オーバーハング（最後輪より車両後端までのはみ出し部分）	車両全長が長い大型車が右左折する場合、ハンドルを一気にいっぱいに切ることにより、車体後部のオーバーハング部分の対向車線等へのはみ出し量が**大きく**なり、対向車などへの接触事故の危険が高くなる。大型車の右左折では、ハンドルを一気に切らないよう心がける。

遠心力	自動車の重量及び速度が同一の場合、**遠心力は、カーブの半径に反比例する。つまり、カーブの半径が2分の1になると、遠心力の大きさは2倍になる。**急カーブを走行する場合の横転等の危険性について、運転者に対し指導する必要がある。
慣性力	自動車に働く慣性力は、自動車の**重量に比例**して大きくなる。重量が増加すればするほど、制動距離が**長く**なるため、この点を考慮した適正な車間距離の確保について、運転者に対して指導する必要がある。
衝突時の衝撃力	重量が同じ2台の自動車が、双方**時速50キロメートルで正面衝突した場合の衝撃力は、時速100キロメートルで走行中の自動車が壁に衝突した場合と同じである。自分の速度だけではなく、相手の自動車の速度を加えた速度で衝撃力が発生**することから、常に安全な速度で運転するよう運転者に対し指導する必要がある。
速度と「遠心力・慣性力・衝撃力」の関係	自動車に働く**慣性力、遠心力及び衝撃力は、速度の2乗に比例して大きくなる。つまり、速度が2倍になれば、これらは4倍に、速度が3倍になれば、これらは9倍**となり、制動距離、運転操作及び事故時の被害の程度に大きく影響するため、常に制限速度を守り、適切な車間距離を確保し、運転するよう指導する必要がある。
追越し時の注意点	自動車が追越しをするときは、前の自動車の走行速度に応じた追越し距離、追越し時間が必要になるため、前の自動車と追越しをする自動車の**速度差が小さい場合**には**追越しに長い時間と距離が必要**になる。無理な追越しをしないよう、運転者に対し指導する必要がある。
二輪車に対する注意点	①二輪車も四輪車と同じように**急に停車できない。** ②二輪車は**死角**に入りやすく、**存在に気づきにくい。** ③二輪車は実際よりも、速度が**遅く**感じたり、距離が実際より**遠くに見える。** という点を、運転者に対して指導する必要がある。

まれに直近の事故データ（追突事故が約半分を占める…等の内容）について出題される。余裕のある人は、インターネットを利用して、最新の「**交通安全白書**」（例年6～7月に公表）をチェックしてみよう。

① 「ベーパー・ロック現象」とは、フット・ブレーキを使い過ぎると、ブレーキ・ドラムやブレーキ・ライニングが摩擦のため過熱することにより、ドラムとライニングの間の摩擦力が減り、ブレーキのききが悪くなることをいう。これを防ぐため、長い下り坂などでは、エンジン・ブレーキ等を使用し、フット・ブレーキのみの使用を避けるよう運転者に対し指導する必要がある。

答× ベーパー・ロック現象とは、フット・ブレーキの使い過ぎにより、ブレーキ・ドラムやブレーキ・ライニングが過熱し、ブレーキ液中に気泡が生じて、ブレーキのききが悪くなることをいう。ドラムとライニングの間の摩擦力が減り、ブレーキのききが悪くなる現象は、フェード現象である。

② 「ハイドロプレーニング現象」とは、路面が水でおおわれているときに高速で走行すると、タイヤの排水作用が悪くなり、水上を滑走する状態になって、操縦不能になることをいう。これを防ぐため、スピードを抑えた走行や、タイヤが適正な空気圧であることを、日常点検で確認するよう運転者に対し指導する必要がある。

答○ 記述のとおりである。

③ 「ウェット・スキッド現象」とは、雨の降りはじめに、路面の油や土砂などの微粒子が雨と混じって滑りやすい膜を形成するため、タイヤと路面との摩擦係数が低下し急ブレーキをかけたときなどにスリップすることをいい、これを防ぐため、雨の降りはじめには速度を落とし、車間距離を十分にとって、不用意な急ハンドルや急ブレーキを避けるよう運転者に対し指導する必要がある。

答○ 記述のとおりである。

④ 一般的に車両全長が長い大型車が右左折する場合、ハンドルを一気にいっぱいに切ることにより、その間における車体後部のオーバーハング部分（最後輪より車両後端までのはみ出し部分）の対向車線等へのはみ出し量が少なくなり、対向車などに接触する事故を防ぐことができる。したがって、このような大型車の右左折においては、ハンドルを一気にいっぱいに切るような運転を心がける必要がある。

答× ハンドルを一気にいっぱいに切ることで、車体後部のオーバーハング部分の対向車線等へのはみ出し量が大きくなり、対向車などに接触する事故の危険が高くなる。よって、大型車の右左折においては、ハンドルを一気にいっぱいに切らないような運転を心がける。

ROAD 6　車間距離に関する問題

重要度

 車間距離に関する問題は4回に1回くらいの頻度で出題されている。問題で使われる言葉の意味を知っておけば、早い対応ができるので、試験までに慣れておくとよい。

CHECK □ 1　車間距離の出し方

例えば、「後車が前車の急ブレーキに気がついて、自車も急ブレーキをかけて停止した場合の前車との車間距離」などを問う問題がしばしば出題されている。この手の問題を解くにあたって、次の4つの言葉のイメージをしっかりと持っておけば、現場での混乱も防げるので、まずは確認しておこう（基本的には、問題文中で説明されるので、覚える必要はない）。

> **距離に関する4つの言葉のイメージ**
>
> ①**空走時間**…危険を認知してから、ブレーキが効きはじめるまでの**時間**
> ②**空走距離**…危険を認知してから、ブレーキが効きはじめるまでの**距離**
> ③**制動距離**…ブレーキを踏んでから、停止するまでにかかる**距離**
> ④**停止距離**…上記②＋③の走行距離（危険認知から停止までの**距離**）

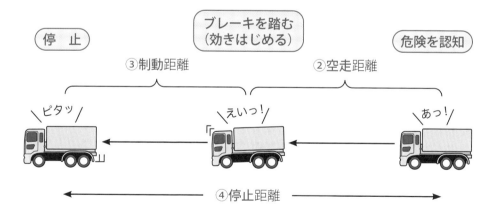

要するに、さまざまな事例を前提として、実際の上記②～④の距離を求める問題が出題される。落ちついて状況を把握すれば、決して難しい問題ではないので、例題をもとに算出方法を確認してみよう。

【例題1】

　A自動車が前方のB自動車とともに時速80キロメートルで50メートルの車間距離を保ちながらB自動車に追従して走行していたところ、突然、**前方B自動車が急ブレーキをかけた**のを認め、**A自動車も急ブレーキをかけ**、A自動車、B自動車ともそのまま停止した。

　この場合、**停止時におけるA自動車とB自動車の車間距離**は何メートルか。

　ただし、**この2台の自動車の時速80キロメートルにおける制動距離は54メートル、停止距離は76メートル**とする。

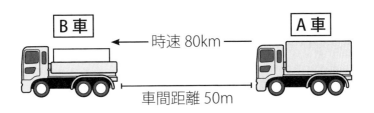

【解き方】

①まず、**前車（B車）がブレーキをかけてから停止するまでの距離（制動距離）**を押さえる。本例題では、問題文に書かれているとおり、B車の制動距離は54メートルである。

②次に、**後車（A車）が危険を認知してから停止するまでの距離（停止距離）**を押さえる。本例題では、これも問題文に書かれているとおり、A車の停止距離は76メートルである。

③前車と後車の車間距離は、当初の車間距離より、後車の停止距離－前車の制動距離だけ短くなる。本例題では、76－54＝22メートル短くなる。

④したがって、AB両車が停止した時の車間距離は、
　50－22＝28メートルである。

CHECK　2　○メートル残して停止するために必要な車間距離

　また、次のような問題も出題されるので、ここも例題をもとに確認してみよう。

【例題 2】

　例題 1 において、A 自動車が B 自動車の急ブレーキに気づくのが 1 秒遅れた場合、A 自動車が B 自動車との車間距離を 4 メートル残して停止するために必要な車間距離は何メートルか。

　ただし、空走距離は空走時間を 1 秒の場合とする。

【解き方】

①まず、A 車が B 車の急ブレーキに気づくのに 1 秒遅れた場合の停止距離を求める。「B 車の急ブレーキに気づくのに 1 秒遅れた」ということは、A 車は 1 秒余分に空走距離を走行しているということである。停止距離＝空走距離＋制動距離なので、A 車の空走距離は例題 1 より「76 − 54 ＝ 22 メートル」である。

　本例題では、例題 1 よりもさらに 1 秒余分に空走時間がかかっているわけだから、A 車の停止距離は「76 ＋ 22 ＝ 98 メートル」である。

② A 車の停止距離が求められたら、あとは例題 1 の要領で、停止時における両者の車間距離は当初より何メートル短くなるかを算出する。

　本例題の場合、停止時における A 車と B 車の車間距離は、当初の車間距離より 98 − 54 ＝ 44 メートル短くなる。

③後はそれを残したい車間距離に足せばよい。車間距離を 4 メートル残して停止するために必要な車間距離は、44 ＋ 4 ＝ 48 メートルである。

ポイント　この「○メートル残して停止するために必要な車間距離」という問題は、最初はとっつきにくい印象があるが、解き方さえマスターすれば恐れるに足りない。問題練習を重ねて解き方をマスターしよう。

① 　高速自動車国道において、A自動車（車両総重量8トンの事業用トラック）が前方のB自動車とともにほぼ同じ速度で50メートルの車間距離を保ちながらB自動車に追従して走行していたところ、突然、前方のB自動車が急ブレーキをかけたのを認め、A自動車も直ちに急ブレーキをかけ、A自動車、B自動車とも停止した。A自動車、B自動車とも安全を確認した後、走行を開始した。この運行に関する次のア〜ウについて解答しなさい。

　なお、下図は、A自動車に備えられたデジタル式運行記録計で上記運行に関して記録された6分間記録図表の一部を示す。（問題文アのみ掲載）

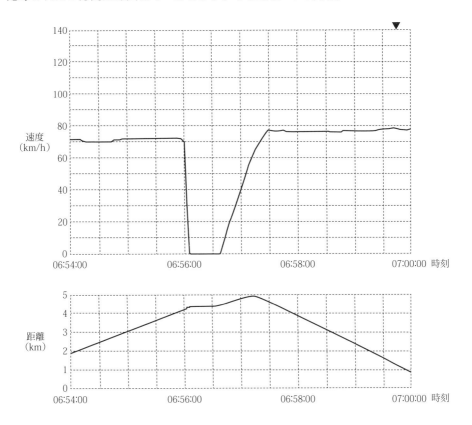

ア　左の記録図表からA自動車の急ブレーキを操作する直前の速度を読み取ったうえで、当該速度における空走距離（危険認知から、その状況を判断してブレーキを操作するという動作に至る間（空走時間）に自動車が走行した距離）を求めるとおよそ何メートルか。次の①〜②の中から正しいものを1つ選びなさい。なお、この場合の空走時間は1秒間とする。

①　15メートル　②　20メートル

答②

　本問は、デジタル式運行記録計の読み取りと絡めた問題だが、実質は車間距離の問題だ。つまり本問では、A 自動車の空走距離が求められればよい。この点、問題文に空走時間は 1 秒間とあるので、この 1 秒間に、A 自動車がどれだけ進むかを求めればよい。

　運行記録計を見ると、時刻「06:56:00」のところで速度が 0 に向かって急激に落ちており、ここでブレーキを踏んだと判断できる。この時の速度は時速約 70 キロメートルであるため、この時速 70 キロメートルで 1 秒間に何メートル進むかを求めればよいこととなる。

　それぞれ単位を合わせると、1km ＝ 1,000m なので、70km ＝ 70,000m。

　そして、1 時間は 60 分× 60 秒＝ 3,600 秒である。

　よって、70,000（m）÷ 3,600（秒）＝ 19.444…≒ 20（m/ 秒）となり、1 秒間に約 20 メートル進むことになる。

② 　A 自動車が前方の B 自動車とともに時速 36 キロメートルで 15 メートルの車間距離を保ちながら B 自動車に追従して走行していたところ、突然、前方の B 自動車が急ブレーキをかけたのを認め、A 自動車も直ちに急ブレーキをかけ、A 自動車、B 自動車ともそのまま停止した。この場合における A 自動車の空走時間（危険認知から、その状況を判断してブレーキ操作を行いブレーキが効きはじめるまでに要する時間）を 1 秒間として、下記のア及びイについて、それぞれ解答しなさい。

ア．A 自動車の時速 36 キロメートルにおける制動距離を 9 メートルとした場合、A 自動車が危険を認知してから停止するまでに走行した距離は、何メートルか。

イ．時速 36 キロメートルにおける A 自動車の制動距離が 9 メートル、B 自動車の制動距離が 7 メートルとした場合、停止時における A 自動車と B 自動車の車間距離は、何メートルか。

答ア．19 メートル　イ．3 メートル

問題文アについて

　A 自動車が危険を認知してから停止するまでに走行した距離（停止距離）は、空走距離＋制動距離で求められる。問題文から、**A 自動車の制動距離は 9 メートル**とわかっており、**空走時間は 1 秒間**とわかっているので、A 自動車が 1 秒間に進む距離を求めて、制動距離である 9 メートルに足せばよい。

　A 自動車が 1 秒間に進む距離は、A 自動車の時速が 36 キロメートルなので、これを秒速に直すと、36/3600 ＝ 1/100 キロメートル＝ 10 メートルとわかる。よって、A 自動車の停止距離は、9 メートル＋ 10 メートル＝ 19 メートルである。

問題文イについて

　停止時における A 自動車と B 自動車の車間距離は、もともと 2 つの自動車の車間距離である 15 メートルから、本問の急停止によって、縮まってしまった距離を引けばよい。

　この点、A 自動車の停止距離は、選択肢アによって 19 メートルとわかっており、B 自動車の制動距離は、問題文から 7 メートルとわかっているので、19 メートル－7 メートルで、今回の急停止により、AB 自動車の車間距離は 12 メートル縮まったことになる。

　したがって、もともとの車間距離である 15 メートルから、この縮まった 12 メートルを引けばよいので、停止時における A 自動車と B 自動車の車間距離は 3 メートルとなる。

③　時速 54 キロメートルで走行中の自動車の運転者が、前車との追突の危険を認知し、ブレーキ操作を行い、ブレーキが効きはじめるまでに要する空走時間を 1 秒間とすると、当該自動車の空走距離は、15 メートルとなることを指導している。

🖾○　時速 54 キロメートルを「メートル」と「秒速」に直すと、1 時間は 3,600 秒なので、54,000 メートル÷3,600 秒＝15 メートル／秒となる。そして、本問では、1 秒間の空走時間で、空走距離が 15 メートルとなる、と指導しているところ、正しい内容である。

④　時速 54 キロメートルで走行中の自動車の運転者が、前車との追突の危険を認知しブレーキ操作を行い、ブレーキが効きはじめるまでに要する空走時間を 1 秒間とし、ブレーキが効きはじめてから停止するまでに走る制動距離を 9 メートルとすると、当該自動車の停止距離は 24 メートルとなることを指導している。

🖾○　停止距離とは、空走距離＋制動距離で求めることができる。本問では、時速 54 キロメートル、空走時間を 1 秒間としているので、上記問題③で求めたように、空走距離は 15 メートルである。それに、問題文で書かれている制動距離 9 メートルを足すと、24 メートルになるため、正しい内容である。

 ちょこっとアドバイス!!

なお、他の自動車に追従して走行する際、常に「秒」の意識をもって留意しなければならないとされるのは、自車の速度と停止距離である。制動距離ではない。前車への追突の危険が発生した場合でも、安全に停止できるよう、停止距離と同程度の車間距離を保って運転するよう指導すべきである。

運行計画に関する問題

重要度

合格への道　運行計画の問題は、第3章の道交法関係、第4章の労基法関係で学んだ知識を駆使して解く問題である。新たにインプットすべき知識はないが、この出題形式又は知識のアウトプットに慣れておこう。

CHECK

□　1　そもそも、どのような問題か？

　運行計画に関する問題は、実際に運行管理者が立てた運行計画に関して、その運行管理者の判断が正しいものかを問う問題である。実際の問題を見たほうがイメージは早いので、ここでは**実際の過去問を紹介しながら、解き方を解説**していく。

　その前に、この問題は問題文が長く複雑そうに見えるため、問題を見ただけでも敬遠したくなるが、結局のところ、**最終的に問われるのは、第3章で学んだ道交法の知識**（特に最高速度違反等）や、**第4章で学んだ改善基準の知識**であり、**それを使いこなすことができるか**…という点に尽きる。

　別の言い方をすれば、この問題は道交法関係や労基法関係の分野で出題されてもおかしくない内容であり、これらの複合問題として、第5分野で出題されているだけである。つまり、**第3章の道交法**（特に最高速度違反等）や、**第4章の改善基準の学習を終え、各分野の過去問題が解けるようになっていれば、この問題も解ける**のだ。

ちょこっとアドバイス!!

試験の後半で、かつ、応用問題として出題されると、必要以上に警戒・緊張してしまい、又はあわててしまうことで、決して難しくない問題であっても間違ってしまったり、あきらめてしまうことがある。上で述べたように、運行計画に関する問題は、**今まで学習した知識が形を変えて問われているだけ**であり、かつ、**問われる内容もほぼ決まっている**ため、**慣れてしまえば全く恐れることはない**。まずは、それを認識してほしいので冒頭で述べておく。

では、運行計画に関する問題について、実際に出題された過去問題を見ながら、その解き方を確認していこう。まずは、以下の問題からだ。

///

問　下の荷主からの運送依頼に基づいて、A 営業所の運行管理者がア〜ウの運行に関する計画を立てた。この運行計画を立てた際の運行管理者の判断に関する 1 〜 3 の記述のうち、適切なものをすべて選びなさい。

〔荷主からの運送依頼事項〕

　A 地点から重量が 5,250 キログラムの荷を B 地点まで往路運送し、復路は C 地点から重量が 5,000 キログラムの荷を D 地点に運送する。

〔運行の計画〕

ア　乗車定員 2 名で最大積載量 6,000 キログラム、車両総重量 10,950 キログラムの中型貨物自動車を使用する。当該運行は、運転者 1 人乗務とする。

イ　当日の当該運転者の始業時刻は 7 時とし、業務前点呼後 7 時 30 分に営業所を出庫して荷主先の A 地点に向かう。荷積み後 B 地点に向かうが、途中、最高速度が指定されていない高速自動車国道（法令による最低速度を定めない本線車道に該当しないもの。以下同じ。）の E 料金所から F 料金所までの間（この間の距離は 180 キロメートル）を連続 2 時間 30 分運転し、途中に 5 分の休憩を挟み、B 地点には 12 時までに到着する。荷下ろし後荷主先 C 地点の休憩施設に向かい、当該施設において 1 時間の休憩をとる。

ウ　C 地点にて荷積み後、荷主先を 14 時 30 分に出発して D 地点に向かい、高速自動車国道の G 料金所から H 料金所までの間（この間の距離は 210 キロメートル）を連続 3 時間運転し、荷主先の D 地点に 18 時 45 分までに到着する。荷下ろし後、当社営業所に 19 時 20 分までに帰庫し、業務後点呼を受け 19 時 50 分に終業する。

（詳細は次図を参照）

〔当該運転者の勤務状況〕

ア　前日の勤務は、7時から19時までの勤務であり、拘束時間が12時間であった。その間の運転時間は9時間15分であり、当日までの休息期間は12時間であった。

イ　翌日の勤務は、8時から20時までの勤務であり、拘束時間を12時間とし、その間の運転時間は9時間を予定している。

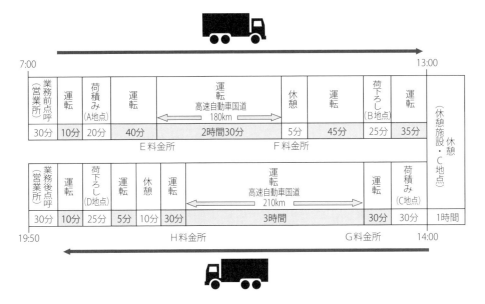

1.　E料金所からF料金所までの間の高速自動車国道の運転時間を2時間30分、及びG料金所からH料金所までの間の高速自動車国道の運転時間を3時間と制限速度を考慮してそれぞれ設定したこと。

2.　当日を特定日とした場合の2日を平均した1日当たりの運転時間が、「自動車運転者の労働時間等の改善のための基準」（以下「改善基準」という。）に違反していないと判断したこと。

3.　当日の運行計画における連続運転時間の中断方法は、「改善基準」に違反していないと判断したこと。

//

　問題は以上である。まず注目してほしいのは、**選択肢2と3の問題文中でグレーにしてある部分**だ（実際の本試験問題では、文字だけの記載である）。

何が言いたいのかというと、**選択肢2は「2日を平均した1日当たりの運転時間」**が改善基準に違反しているか…を問う問題であり、これは182ページから解説した**運転時間の問題**でしかない。また同じく、**選択肢3は183ページから解説した連続運転時間の問題**でしかなく、182〜183ページの学習が済んでいれば、ともに解ける問題なのだ。では、確認していこう。

[選択肢1について]

本肢について、はじめは何をどうすればよいのか、わからないかもしれない。しかし、実はひねりのない内容で、本問の運行管理者が「**E料金所からF料金所**」の高速道路の運転時間を**2時間30分**として、「**G料金所からH料金所**」の高速道路の運転時間を**3時間と設定**したところ、この判断が正しいか、つまり、端的には、いわゆるスピード違反をしなければ、クリアできないような運転時間の設定になっていないか？…といった、**道交法の知識**が問われている。

まず、「**E料金所からF料金所**」を見ると、この間の**距離は180キロメートル**とあり、これを**2時間30分**で運転できるかだ。ここで問題となるのは、**高速道路における速度の法令**である。この点、以下のようになっている。

■ 各道路における法定最高速度 ■

道路の種別	最高速度	
一般道路	原則	時速60キロメートル
	例外	他の車両を牽引して道路を通行する場合 →時速30キロメートル →ただし、車両総重量が2,000キログラム以下の車両を、その車両の3倍以上の車両総重量の自動車で牽引する場合は、時速40キロメートル
高速自動車国道の本線車道又はこれに接する加速車線若しくは減速車線	原則	時速80キロメートル（改正点はp.110参照）
	例外	車両総重量8,000キログラム未満、最大積載重量5,000キログラム未満の中型自動車等※ →時速100キロメートル

※普通自動車、乗車定員が10人以下の中型自動車、専ら人を運搬する構造の大型自動車、また、平成29年3月12日施行の準中型自動車もここに含まれる。

上記のように、**高速道路での法定最高速度**は、原則として、時速80キロメートルだが、車両総重量8,000キログラム未満、最大積載重量5,000キログラ

ム未満の中型自動車では、時速 100 キロメートルとなる。

　そこで、本問を見ると、〔運行の計画〕アにおいて、「乗車定員 2 名で**最大積載量 6,000 キログラム、車両総重量 10,950 キログラムの中型貨物自動車を使用する。**」とあるので、本問自動車の高速道路での最高速度は、時速 80 キロメートルまでとなる。

　そこで、「E 料金所から F 料金所」の距離 180 キロメートルを、仮に最高速度である時速 80 キロメートルで走行し続けると、180 ÷ 80 = 2.25 時間となり、2 時間 15 分で走行できることになる。となると、この間を 2 時間 30 分で運転する設定は、法令上問題がない。

　次に、「G 料金所から H 料金所」を見ると、この間の**距離は 210 キロメート**ルとあり、これを **3 時間で運転できるか**が問題となる。ここも同じく、仮に最高速度である時速 80 キロメートルで走行し続けるとすれば、210 ÷ 80 = 2.625 時間となり、約 2 時間 38 分で走行できることになるため、この間を 3 時間で運転する設定は、法令上問題がない。以上より、**選択肢 1 に関する運行管理者の判断**は、適切であることがわかるのだ。

ちょこっとアドバイス!!

「G 料金所から H 料金所」（210 キロメートル）を時速 80 キロメートルで走行し続けた際に要する時間について、2.625 時間（約 2 時間 38 分）と細かい結果が出てしまうが、要するに、**3 時間以内で無理なく運転できる設定**であれば、運行管理者の判断は適切である（少なくとも法令上は問題がない）ことになる。つまり、計算の結果、**2 時間台**とわかれば、**細かい端数の計算は不要**だ。

選択肢 2 について

　本肢では、**当日を特定日とした場合の 2 日を平均した 1 日当たりの運転時間が、改善基準に違反していないか？**…という判断のみで正解できる。これについては、182 ページで紹介した図をもう一度、掲載しよう。

　要するに、"**ある特定日**"と前後の日それぞれについて、平均運転時間を出した際、**どちらも 9 時間を超える**場合に、改善基準違反となる。

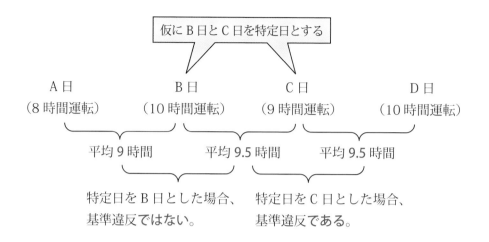

仮にB日とC日を特定日とする

A日
（8時間運転）

B日
（10時間運転）

C日
（9時間運転）

D日
（10時間運転）

平均9時間　　平均9.5時間　　平均9.5時間

特定日をB日とした場合、
基準違反ではない。

特定日をC日とした場合、
基準違反である。

　そこで本問に戻ると、〔当該運転者の勤務状況〕において、「**ア　前日の勤務…の運転時間は9時間15分**」とあり、「**イ　翌日の勤務…の運転時間は9時間を予定**」とある。つまり、前日の運転時間は9時間15分、翌日の運転時間は9時間である。

　では、**特定日となる「当日」の運転時間**はと言うと、下記の図表中に運転時間が記載されている。赤字の部分だ。

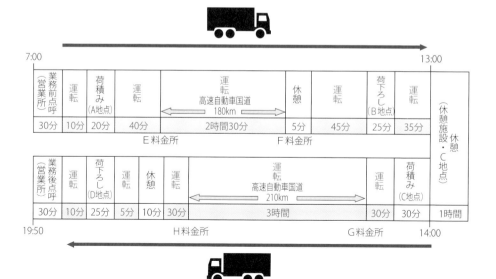

具体的には、「10 分＋ 40 分＋ 2 時間 30 分＋ 45 分＋ 35 分＋ 30 分＋ 3 時間＋ 30 分＋ 5 分＋ 10 分」で、8 時間 55 分となる。まとめると次のようになる。

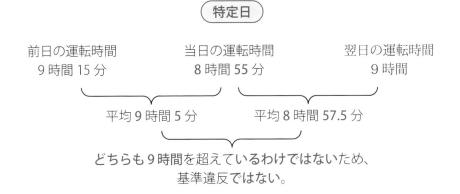

以上より、本問の運行管理者が、改善基準に違反していないと判断したことは、適切である。

 ちょこっとアドバイス‼

ここも 219 ページのアドバイスと似た話だが、この **2 日を平均した 1 日当たりの運転時間が、改善基準に違反していないか？**…という問題については、「どちらも」9 時間を超えている場合に、はじめて基準違反となるため、前日又は翌日との平均運転時間の**どちらか一方でも "8 時間台 "** が出てきた**時点**で、その特定日については、**改善基準の違反がない**ことになる。本問では、翌日との平均運転時間の " 小数 " について、細かい端数が出てくるが、その辺は無視してもよいのだ。

選択肢 3 について

本肢では、**当日の運行計画**における**連続運転時間の中断方法**が、改善基準に違反しているかが問われている。連続運転時間とは、1 回がおおむね連続 10 分以上で、かつ、合計が 30 分以上の運転の中断をすることなく連続して運転する時間をいい、これは 4 時間を超えてはならない。ここでは省略するが、この詳しいチェック方法は、183 ページを参照してほしい。

では、本問を確認してみよう。183ページで紹介したチェック方法の再紹介を省略したのは、それを用いなくとも、本問はすぐに判断できるからだ。下記の図を見てほしい。

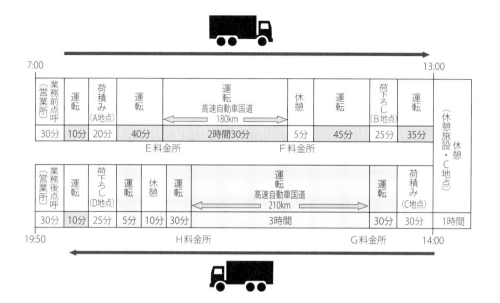

業務前点呼 (営業所)	運転	荷積み (A地点)	運転	運転 高速自動車国道 180km	休憩	運転	荷下ろし (B地点)	運転	休憩 (休憩施設・C地点)
30分	10分	20分	40分	2時間30分	5分	45分	25分	35分	

E料金所　　　　　　　　　　　　　　F料金所

業務後点呼 (営業所)	運転	荷下ろし (D地点)	運転	休憩	運転	運転 高速自動車国道 210km	運転	荷積み (C地点)	
30分	10分	25分	5分	10分	30分	3時間	30分	30分	1時間

H料金所　　　　　　　　　　　　　　G料金所

　14：00からの復路を見た際、荷積みの後、「30分＋3時間＋30分」の合計4時間の運転時間があり、その後、休憩10分を挟んで、「5分」の運転をした時点で、運転時間が4時間を超えている。

　よって、本問の運行管理者が、「改善基準」に違反していないと判断したことは適切ではない。なお、本問は**往路でも連続運転時間の違反がある**。

　以上のように、運行計画の問題は、ここまで学習してきた知識で解けるようになっており、そして、この問題のほとんどが、①**道交法違反があるか**（最高速度違反、適した車両か等）、**②2日を平均した1日当たりの運転時間が改善基準に違反しているか**、③**連続運転時間が改善基準に違反しているか**、という点について問われている。ここは意識して、他分野の学習もしてほしい。

━━━━ 過去問にチャレンジ！ ━━━━

荷主から下の運送依頼を受けて、A 営業所の運行管理者が次のとおり運行の計画を立てた。この計画に関するア～ウについて解答しなさい。（選択肢ウは省略）

＜荷主からの運送依頼＞

> B 工場で重量が 4,000 キログラムの建設機材を積み、E 地点に 11 時までに運送する。

＜運行の計画＞

○　次の運行経路図に示された経路に従い運行する。

○　道路標識等により最高速度が指定されていない高速自動車国道（高速自動車国道法に規定する道路。以下「高速道路」という。）の C 料金所と D 料金所間（走行距離 144 キロメートル）を、運転の中断をすることなく 1 時間 40 分で走行する。

○　F 地点と G 地点間の道路には 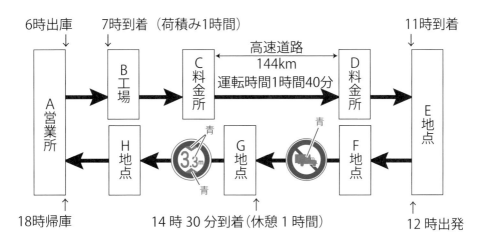 が、G 地点と H 地点間の道路には 3.3m の道路標識が設置されているので、これらを勘案して通行可能な事業用トラックを配車する。

＜運行経路図＞

※本試験では、上記 4 点の交通標識のみカラーで表示されていました。

ア．当該運行に適した車両を次の 1 〜 3 の事業用トラックの中から選びなさい。

事業用トラック	乗車定員	車両重量 (kg)	最大積載量 (kg)	車両総重量 (kg)	自動車の大きさ（m）		
					長さ	幅	高さ
1	2 人	9,870	10,000	19,980	11.95	2.49	3.25
2	2 人	4,740	6,500	11,350	10.80	2.49	3.10
3	2 人	3,620	4,250	7,980	8.46	2.23	3.29

イ．高速道路の C 料金所と D 料金所間の運転時間を 1 時間 40 分としたことが、適切な場合は「適」、適切でない場合は「不適」を選びなさい。

答ア　3　イ　適

問題文アについて

本問の F 地点と G 地点の間にある標識は、貨物自動車の通行禁止を意味する。この標識の下に「積 4t」といった補助標識がついていない限り、この標識によって通行が禁止されるのは、車両総重量 8,000 キログラム以上又は最大積載重量 5,000 キログラム以上の貨物自動車である。したがって、この標識によって通行が禁止されず、当該運行に適しているのは 3 である。

問題文イについて

高速道路における最高速度は、原則として、時速 80 キロメートルである（道交法施行令第 27 条第 1 項第 2 号）。ただし、車両総重量が 8,000 キログラム未満、最大積載重量が 5,000 キログラム未満及び乗車定員が 10 人以下の中型自動車等は、時速 100 キロメートルで通行することができる（同条項第 1 号ロ）。

すると、問題文アより、本問の運行で使用するトラック「3」は、車両総重量が 8,000 キログラム未満、最大積載重量が 5,000 キログラム未満及び乗車定員が 10 人以下なので、時速 100 キロメートルで通行することができる場合にあたる。

そして、本問の運行計画では、走行距離が 144 キロメートルある CD 間を 1 時間 40 分で走行するのであるから、平均時速は 144 ÷ 100/60 ＝時速 86.4 キロメートルとなる。これは法令で規定される時速 100 キロメートルの最高速度の範囲内であり、この運転時間の設定は、適切である。

ROAD 8　事故の再発防止対策

合格への道　具体的な事例を前提に「事故の再発防止対策」や「指導」内容の実効性を問う問題が出題される。問題文は長いが、簡単な部類の問題なので解き方を確認しておこう。

CHECK☐ 1　事故の再発防止対策の問題とは

「事故の再発防止対策」の問題は、問題文で提示された事故と、それを受けて立てた再発防止対策や、事故の分析結果から提示される**事故防止のための指導**について、**直接的に有効**なものを選択する形式で出題される。

問題において、再発防止対策等はたくさんの提案がなされており、基本的には、そのどれもが「事故防止」の観点からは正しい。しかし、「**当該事故**」の「**再発防止**」という観点からは、直接的には関係のない対策も含まれているということだ。

ここも問題を見ないと伝わりにくいので、実際に出題された過去問題を見ながら、解き方を確認してみよう。

CHECK☐ 2　実際の過去問を見ながら確認しよう

では、実際の過去問題を見ながら解き方を確認していく。

問　平成28年中のトラック（最大積載量5トン以上）による死亡・重傷事故について、事業用自動車の交通事故統計及び自動車事故報告規則により提出された事故報告書に基づき、下記のとおり、事故の特徴やその要因についての分析結果が導かれた。この分析結果をもとに、【事業者及び運行管理者が実施すべき事故低減対策のポイント】の中から【事故防止のための指導】として、A、B、Cに当てはまる最も直接的に有効と考えられる組合せを下の枠内の選択肢（①～⑧）からそれぞれ1つ選びなさい。なお、解答にあたっては、下記に記載されている事項以外は考慮しないものとする。

（問題は次ページに続く）

【死亡・重傷事故の特徴】

平成28年中の最大積載量5トン以上のトラックによる死亡・重傷事故381件について、車両の走行等の態様別にみると、直進時が73%、右折時が13%、左折時が9%となっている。

直進時の事故	右折時の事故	左折時の事故
・直進時の事故のうち72%が他の車両等との事故で、このうち高速道路等での追突事故が一番多い。 ・一般道路での歩行者等との事故は夜間が多い。	右折時の事故は、歩行者等と他の車両等との事故がそれぞれ約半数となっている。	左折時の事故のうち70%が自転車との事故で、バス・タクシーと比べて巻き込み事故が多い。

⬇　　　　⬇　　　　⬇

【事故の主な要因】

（高速道路等での事故） ・故障車両などの停止車両への追突 ・たばこや携帯電話の操作 （一般道路での事故） ・飲酒運転 ・動静不注意 ・伝票の整理によるわき見運転	・対向車から譲られた時の安全確認不足 ・二輪自動車等の対向車のスピードの誤認 ・対向車の後方の安全確認不足	・徐行・一時停止の不履行、目視不履行 ・左折前の確認のみで、左折時の再度の確認の不履行 ・前方車両への追従 ・大回りで左折する際の対向車等への意識傾注 ・車体が大きく死角が多い

⬇　　　　⬇　　　　⬇

【事故防止のための指導】

A	B	C

【事業者及び運行管理者が実施すべき事故低減対策のポイント】

ア　右折するときは、対向車に注意して徐行するとともに、右折したその先の状況にも十分注意を払い走行するよう運転者に対し指導する。

イ　運転中は前方不注視となるのを防ぐため、喫煙や携帯電話の使用などは停車してから行うよう運転者に対し指導する。

ウ　右折するときは、対向車の速度が遅い場合などは自車の速度を落とさず交差点をすばやく右折するよう運転者に対し指導する。

エ　大型車などは、内輪差が大きく、左側方の自転車や歩行者を巻き込んでしまう危険があることから、慎重に安全を確認してから左折するよう運転者に対し指導する。

オ　右折時に対向車が接近しているときは、その通過を待つとともに、対向車の後方にも車がいるかもしれないと予測して、対向車の通過後に必ずそ

の後方の状況を確認してから右折するよう運転者に対し指導する。

カ　運転者の飲酒習慣を把握し、必要と考えられる運転者に対し、運転者の画像が確認できるアルコールチェッカーを運行時に携帯させ、随時運転者の飲酒状況をチェックできるようにする。

キ　衝突被害軽減ブレーキを装着したトラックの運転者に対しては、当該装置は、いかなる走行条件においても、前方の車両等に衝突する危険性が生じた場合には、確実にレーダー等で検知したうえで自動的にブレーキが作動し、衝突を確実に回避できるものであることを十分理解させる。

ク　二輪自動車は車体が小さいため速度を誤認しやすいことから、右折の際は、対向する二輪自動車との距離などに十分注意するよう運転者に対し指導する。

ケ　左折するときは、あらかじめ交差点の手前からできる限り道路の左側端に寄り、かつ、できる限り道路の左側端に沿って徐行するよう運転者に対し指導する。

コ　伝票等の確認は、走行中はわき見が原因で事故につながる可能性が高いことから、安全な場所に移動し停止した後に行うよう運転者に対し指導する。

サ　交差点を左折するときに、その進路の前方にある横断歩道を横断しようとする歩行者がいる場合は、当該横断歩道を徐行し、かつ、できる限り安全な速度と方法で進行するよう運転者に対し指導する。

シ　左折する際は、左折前の確認に加えて、左折時にも再度歩行者や自転車等がいないかをミラーや直視で十分確認するように運転者に対し指導する。

①　アウオ　　②　アウク　　③　アオク　　④　イカキ
⑤　イカコ　　⑥　イカサ　　⑦　エケサ　　⑧　エケシ

　問題文が長いので、それだけで難しそうに感じるかもしれないが、全くそんなことはない。本問では「**直進時**」「**右折時**」「**左折時**」**の事故**について「**事故の主な要因**」があげられており、**それぞれの事故の防止対策（指導内容）を枠A〜Cへと、ア〜シから選んで入れればよい。ポイントは「事故の主な要因」と各選択肢のキーワードのリンク**である。具体的に見ていこう。

〔直進時の事故（枠A）について〕

　直進時の事故についての主な要因としては、「故障車両などの停止車両への追突、たばこや携帯電話の操作、飲酒運転、動静不注意、伝票の整理によるわき見運転」があげられている。

　そこで、対策となる選択肢ア〜シを眺めてみると、グレーで目立たせた原因に対して、順に以下の指導がそのまま合致することがわかるだろう。

イ　運転中は前方不注視となるのを防ぐため、喫煙や携帯電話の使用などは停車してから行うよう運転者に対し指導する。

カ　運転者の飲酒習慣を把握し、必要と考えられる運転者に対し、運転者の画像が確認できるアルコールチェッカーを運行時に携帯させ、随時運転者の飲酒状況をチェックできるようにする。

コ　伝票等の確認は、走行中はわき見が原因で事故につながる可能性が高いことから、安全な場所に移動し停止した後に行うよう運転者に対し指導する。

　つまり、「たばこ（喫煙）や携帯電話」「飲酒」「伝票」「わき見運転」というキーワードが、上記の選択肢にはしっかり入っているのだ。以上より、枠Aには⑤が入ることとなる。たくさんの指導（対策）があげられているので、混乱するかもしれないが、キーワードに注目していけばよいだけだ。

〔右折時の事故（枠B）について〕

　右折時の事故についての主な要因としては、「対向車から譲られた時の安全確認不足、二輪自動車等の対向車のスピードの誤認、対向車の後方の安全確認不足」があげられている。そこで、選択肢ア〜シを眺めてみると、以下の指導が合致する。

ア　右折するときは、対向車に注意して徐行するとともに、右折したその先の状況にも十分注意を払い走行するよう運転者に対し指導する。

オ　右折時に対向車が接近しているときは、その通過を待つとともに、対向車の後方にも車がいるかもしれないと予測して、対向車の通過後に必ずその後方の状況を確認してから右折するよう運転者に対し指導する。

> ク　**二輪自動車**は車体が小さいため**速度を誤認しやすい**ことから、**右折**の
> 際は、対向する二輪自動車との距離などに十分注意するよう運転者に対
> し指導する。

　選択肢アが悩ましいかもしれないが、この**枠Bにおける共通のキーワード**は「**右折**」である。各選択肢を見た際に「**右折**」というキーワードが入っているのは、上記のほかには、以下の選択肢ウだけだ。

> ウ　**右折**するときは、対向車の速度が遅い場合などは自車の速度を落とさ
> ず交差点をすばやく右折するよう運転者に対し指導する。

　この選択肢ウでは「**対向車の速度が遅い場合**」について記されているが、**右折時の事故の主な要因**では、この点について**何も触れられていない**。よって、この**選択肢ウ**は、**本問で提示された事故**についての対策としては、**直接的に有効な対策ではない**。そこで、選択肢ウと比較した結果、選択肢アが適切であると判断できよう。以上より、**枠Bには③が入る**こととなる。

〔左折時の事故（枠C）について〕
　左折時の事故の主な要因としては、「**徐行・一時停止の不履行、目視不履行、左折前の確認のみで、左折時の再度の確認の不履行、前方車両への追従、大回りで左折する際の対向車等への意識傾注、車体が大きく死角が多い**」があげられている。そこで、**選択肢ア〜シ**を眺めてみると、以下の指導が合致する。

> エ　大型車などは、**内輪差が大きく、左側方の自転車や歩行者を巻き込ん**
> **でしまう危険**があることから、慎重に安全を確認してから**左折**するよう
> 運転者に対し指導する。
> ケ　**左折**するときは、あらかじめ交差点の手前からできる限り道路の左側
> 端に寄り、かつ、できる限り道路の左側端に沿って**徐行するよう運転者**
> **に対し指導する。**
> シ　**左折**する際は、**左折前の確認に加えて、左折時にも再度歩行者や自転車**
> **等がいないかをミラーや直視で十分確認**するように運転者に対し指導する。

まず、**枠Cにおける共通のキーワードは「左折」**である。そこで、まずは「左折」というキーワードが入っている選択肢を選んでいけばよい。選択肢エ、ケ、サ、シである。

　まず**選択肢エ**について、「**内輪差が大きく、左側方の自転車や歩行者を巻き込んでしまう危険**」という点と、事故の原因である「**大回りで左折する際の対向車等への意識傾注**」、また、少なくとも「**車体が大きく死角が多い**」というキーワードのリンクは可能ではなかろうか。

　次に**選択肢ケ**は「**徐行するよう運転者に対し指導**」とあり、「**徐行**」というキーワードが見える。これは事故の原因である「**徐行・一時停止の不履行**」というキーワードとリンクする。

　最後に**選択肢シ**は「**左折前の確認に加えて、左折時にも再度歩行者や自転車等がいないかをミラーや直視で十分確認**」とあり、事故の原因である「**目視不履行、左折前の確認のみで、左折時の再度の確認の不履行**」というキーワードとリンクする。以上より、**枠Cには⑧が入る**こととなる。

　なお、「左折」というキーワードが入っている選択肢サは、以下のものだ。

> サ　交差点を**左折**するときに、その進路の前方にある**横断歩道を横断しようとする歩行者**がいる場合は、当該横断歩道を徐行し、かつ、できる限り安全な速度と方法で進行するよう運転者に対し指導する。

　選択肢サは、「交差点の左折」時における「横断歩道の歩行者」に対する事故の話だ。しかし、本問の事故の主な要因では、この点について触れられていない。

　以上より、「**事故の再発防止対策**」の問題は、**提示された事故原因等と対策（指導）におけるキーワードに注目**しながら、**素直に選択肢を選ぶ**ことで正解できる問題である。

ROAD 9　危険予知訓練

合格への道　危険予知訓練は、近年に出題されはじめたテーマだ。今後の出題頻度は未知数だが、難しい内容ではないため、実際の過去問を確認しながら解き方を確認しておけば対応できる。

CHECK □ 1　危険予知訓練とは

　危険予知訓練とは、道路交通に潜む危険を事前に予測し、適切に対応することで**交通事故を未然に防止**しようとする訓練である。交通安全教育において、事故防止効果のある手法とされている。

　この危険予知訓練に関する問題では、運転者が「予知すべき危険要因」から、運転者に何を指導すべきかという「指導事項」を解答すること（又はその逆）が求められるが、前ページまでの「事故の再発防止対策」と同じく、易しい部類の問題である。

　というのも、**国語の問題**として捉え、問題文を読んで、**準備された解答を素直に選んで答えれば正答**できるからだ。

CHECK □ 2　実際の過去問を見ながら確認しよう

　危険予知訓練についても、実際の過去問題を見たほうがわかりやすいので、さっそく問題の確認に入ろう。

[問]　運行管理者が運転者に対して実施する危険予知訓練に関する次の記述において、問題に示す【交通場面の状況等】を前提に、危険要因などを記載した表中の A、B に最もふさわしいものを【運転者が予知すべき危険要因の例】の①〜⑤の中から、また、C、D に最もふさわしいものを【運行管理者による指導事項】の⑥〜⑩の中からそれぞれ１つ選びなさい。

（問題は次ページに続く）

【交通場面の状況等】

・信号機のある交差点を右折しようとしている。 ・右折先の道路に駐車車両があり、その陰に歩行者が見える。 ・対向直進車が接近している。	・制 限 速 度：時速 60 キロ ・路　　　面：乾燥 ・天　　　候：晴 ・車　　　両：4 トン車 ・運 転 者：年齢 48 歳 ・運 転 経 験：17 年

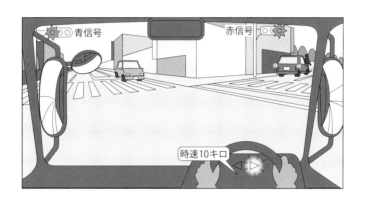

運転者が予知すべき危険要因の例		運行管理者による指導事項
対向車が交差点に接近しており、このまま右折をしていくと対向車と衝突する危険がある。	➡	C
A	➡	右折の際は、横断歩道の状況を確認し、特に横断歩道の右側から渡ってくる自転車等を見落としやすいので意識して確認をすること。
右折していく道路の先に駐車車両の陰に歩行者が見えるが、この歩行者が横断してくるとはねる危険がある。	➡	D
B	➡	対向車が通過後、対向車の後方から走行してくる二輪車等と衝突する危険があるため、周辺の交通状況をよく見て安全を確認してから右折すること。

【運転者が予知すべき危険要因の例】

① 右折時の内輪差による二輪車・原動機付自転車などの巻き込みの危険がある。

② 横断歩道の右側から自転車又は歩行者が横断歩道を渡ってくることが考えられ、このまま右折をしていくと衝突する危険がある。

③ 車幅が広いため、右折する交差点で対向車線へはみ出して衝突する危険がある。

④ 右折時に対向車の死角に隠れた二輪車・原動機付自転車を見落とし、対向車が通過直後に右折すると衝突する危険がある。

⑤ 急停止すると後続車に追突される危険がある。

【運行管理者による指導事項】

⑥ 対向車の速度が遅い時などは、交差点をすばやく右折し、自転車横断帯の自転車との衝突の危険を避けること。

⑦ スピードを十分落として交差点に進入すること。

⑧ 対向車があるときは無理をせず、対向車の通過を待ち、左右の安全を確認してから右折をすること。

⑨ 交差点に接近したときは、特に前車との車間距離を十分にとり、信号や前車の動向に注意しながら走行すること。

⑩ 交差点内だけでなく、交差点の右折した先の状況にも十分注意を払い走行すること。

　またしても長い問題文だが難しいことはない。問題文の空欄となっているＡ～Ｄについて、それぞれ【運転者が予知すべき危険要因の例】又は【運行管理者による指導事項】で準備された文章から埋めればよいだけだ。

　そして、【運転者が予知すべき危険要因の例】は、**これから運転者に起こりうる危険**のことであり、**それに対して、運転者に何を指導**すべきなのかという【運行管理者による指導事項】は対応関係にある。

　つまり、**これら 2 つの事項は同じ事がら**についての話をしているので、<u>空欄となっている他方の文章がヒント</u>になるのだ。具体的に見ていこう。

9

危険予知訓練

まず、「危険要因の例」の空欄 A に対応する「指導事項」には、「右折の際は…特に横断歩道の右側から渡ってくる自転車等を見落としやすいので意識して確認をする」とある。

　よって、空欄 A の「危険要因の例」は、「横断歩道の右側から渡ってくる自転車等」ということであり、②が入る。このように素直に対応する文章を検討すればよい。

　次に「危険要因の例」の空欄 B に対応する「指導事項」には、「対向車が通過後、対向車の後方から走行してくる二輪車等と衝突する危険」とある。つまり、すでに危険要因が書かれている。

　よって、空欄 B の「危険要因」は、「右折時に対向車の死角に隠れた二輪車・原動機付自転車を見落とし、対向車が通過直後に右折すると衝突する危険」という④が入る。

　今度は逆に、「指導事項」の空欄 C に対応する「危険要因の例」には、「対向車が交差点に接近…対向車と衝突する危険」とある。この対向車と衝突する危険に対して、指導する内容を選べばよいので、「**対向車があるときは無理をせず、対向車の通過を待ち**」という⑧が入る。

　最後に、「指導事項」の空欄 D に対応する「危険要因の例」には、「**右折していく道路の先に駐車車両の陰に歩行者が見える**が、この**歩行者が横断してくるとはねる危険**」とある。この危険に対して、指導する内容を選べばよいので、「交差点の**右折した先の状況にも十分注意を払い走行する**」という⑩が入る。

　以上のように、確認してしまえば何も難しいことはないことがわかろう。まとめると、危険予知訓練に関する問題は「**危険**」と「**指導内容**」という、対応する（同じ）文章を素直に選べば、正解できる問題である。慣れてしまえば得点源にできるので、解答方法を確認しておこう。

さくいん

235

各試験の出題法令基準日までに施行される法改正や本書に関する
正誤等の最新情報は、下記のアドレスでご確認ください。
http://www.s-henshu.info/ukkgt2405/

上記掲載以外の箇所で正誤についてお気づきの場合は、**書名・発行日・質問事項**（該当
ページ・行数・問題番号などと誤りだと思う理由）・**氏名・連絡先**を明記のうえ、お問
い合わせください。
・web からのお問い合わせ：上記アドレス内【正誤情報】へ
・郵便または FAX でのお問い合わせ：下記住所または FAX 番号へ
※**電話でのお問い合わせはお受けできません。**

[宛先] コンデックス情報研究所
　　　『運行管理者〈貨物〉合格テキスト』係
住　所：〒 359-0042　所沢市並木 3-1-9
FAX 番号：04-2995-4362（10:00 〜 17:00　土日祝日を除く）

※**本書の正誤以外に関するご質問にはお答えいたしかねます。**また、受験指導などは行っておりま
せん。
※ご質問の受付期限は、**各試験日の 10 日前必着**といたします。
※回答日時の指定はできません。また、ご質問の内容によっては回答まで 10 日前後お時間をいた
だく場合があります。
あらかじめご了承ください。

■編著：コンデックス情報研究所
1990 年 6 月設立。法律・福祉・技術・教育分野において、書籍の企画・執筆・編集、大学および通信教
育機関との共同教材開発を行っている研究者・実務家・編集者のグループ。

いちばんわかりやすい! 運行管理者〈貨物〉合格テキスト

2024年 7 月20日発行

編　著　コンデックス情報研究所
　　　　　　 じょうほうけんきゅうしょ

発行者　深見公子

発行所　成美堂出版
　　　　　〒162-8445　東京都新宿区新小川町1-7
　　　　　電話(03)5206-8151　FAX(03)5206-8159

印　刷　株式会社フクイン

©SEIBIDO SHUPPAN 2024　PRINTED IN JAPAN
ISBN978-4-415-23867-8
落丁・乱丁などの不良本はお取り替えします
定価はカバーに表示してあります